Publicación Seriada

I0116504

Objetivos de Aprendizaje de *enriquecimiento* para su *priorización* (OA*ep*) y sus Indicadores de Logro:

UN COMPLEMENTO PARA EL CURRÍCULO DE LA EDUCACIÓN GENERAL EN TODOS SUS NIVELES

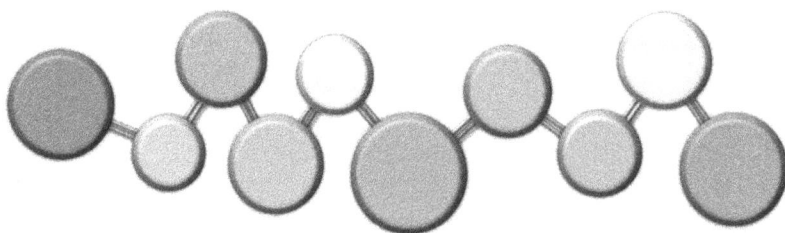

VOLUMEN 1 - DIMENSIÓN I: Asunción de la Cultura desde una Mirada Filo-Ontogénica

Ernesto L. Figueredo Escobar   Manuel J. Quintana Díaz

Ediciones PRONOS WORLD

Publicación Seriada: Objetivos de Aprendizaje de enriquecimiento para su priorización (OA*ep*) y sus Indicadores de Logro: Un complemento para el Currículo de la Educación General en todos sus niveles

Título: *VOLUMEN 1* - DIMENSIÓN I: Asunción de la Cultura desde una Mirada Filo-Ontogénica

Autores:

Manuel Jesús Quintana Díaz   Ernesto Lázaro Figueredo Escobar

International Standard Book Number (ISBN)   N° 978-1-7350276-5-4

Edición Nº 1 (Año 2020)   Pronos World 471 SW 91 Ave. Miami. Florida, Estados Unidos de América

Fecha   12 de Noviembre de 2020

PRONOS WORLD agradece la adquisición de este libro, deseando conocer sus comentarios y sugerencias.

mailto:mail to: info@pronos.cl

http://www.pronosworld.com/pronosworld/home.html

Contenido

Capítulo Introductorio

Capítulo 1

Antecedentes de los Autores

Ernesto L. Figueredo Escobar

Ernesto Lázaro Figueredo Escobar, Doctor of Philosophy in Education, Bachelor of Science in Speech-Language Pathology (Josef Silny & Associates, Inc. Internacional Education Consultants EUA, 2009). Académico, Doctor en Ciencias Pedagógicas (Rusia, 1990 y Cuba, 1991), Master of Arts en Pedagogía, especializado en Logopedia (Rusia, 1979).

Founder & CEO de Pronos World. Director General de Pronos Consultores. Presidente de la Fundación Pronos, acreditada ante el Ministerio de Educación de la República de Chile para brindar Asesoría Educacional: Asistencia Técnica Educativa (ATE).

Asesor en gestión de los aprendizajes en contextos colaborativos, aplicación de herramientas tecnológicas para la caracterización actitudinal – cognoscente y sociodemográfica de los estudiantes, la planificación integrada y el seguimiento al logro de aprendizajes, desde una postura preventiva y con la aplicación del análisis de cohortes de estudiantes.

Profesional que opera en el Enfoque Ontogénico y el Modelo de Análisis de los Componentes de Actividad de Aprendizaje.

Su quehacer se ve reflejado en la creación de Softwares Educativos, Libros Especializados e Investigaciones sobre la atención de la diversidad de estudiantes.

Manuel J. Quintana Díaz

Profesor Especialista en Educación Diferencial con mención en Déficit Visual, Master of Arts in Education egresado en 1989 del Instituto Superior Pedagógico A. I. Guerzen de San Petersburgo, Rusia.

Posee Especialización en el área Discapacidad Intelectual obtenido en el Instituto Profesional de Providencia de Santiago de Chile, 2001. Magíster en Educación y Trabajo conferido en 2003 por la Universidad Abierta de S.L.P., México.

Desde 1989 se ha desempeñado como profesor en distintos establecimientos de Educación Especial en Rusia, Cuba y Chile.

En 2003 y hasta la fecha, presta servicios en calidad de Asesor Técnico en Escuela Especial VOCARE.

A partir de 2006 y hasta 2017 prestó sus servicios como profesional externo a la Unidad de Educación Especial del Ministerio de Educación de Chile, participando en variados proyectos y elaboración de publicaciones.

Durante los últimos 15 años, se ha dedicado al desarrollo de Proyectos, Cursos de Capacitación y de Perfeccionamiento sobre el tema: Apoyos para la Transición hacia una Vida Activa de estudiantes que manifiestan Perfiles de Necesidades de Apoyo en Escuelas Especiales y en Establecimientos de Educación General con Programa de Integración Escolar.

Otras Publicaciones de los Autores

Ernesto L. Figueredo Escobar

- Autor libro: Progresión de Aprendizajes Básicos: Una Perspectiva Ontogénica. Ediciones PRONOS WORLD. Miami, FL. EEUU. 2020.

- Autor libro: Fundamentos Psicológicos del Lenguaje. Ediciones PRONOS WORLD. Miami, FL. EEUU. 2020.

- Autor libro: No Toques, ¡Caca...! Ediciones PRONOS WORLD. Miami, FL. EEUU. 2020.

- Coautor artículo: Un Enfoque Ontogénico en la Mediación de los Aprendizajes del Lenguaje, desde Edades Tempranas. Revista Arje. Revista de Postgrado FaCE-UC. Vol. 10 N° 18. Enero – Junio 2016/ pp.35-43. ISSN-e 2443-4442 , ISSN-p 1856-9153

- Coautor softwares: Gestión de los aprendizajes: CIDEU (Conocer para Incluir la Diversidad de Estudiantes), Plataforma PAI (Planificador de Apoyos Individualizados) entre otras. Ediciones PRONOS CHILE y PRONOS WORLD. Miami, FL. EEUU. 2009–2020. (Coautor).

- Coautor libros: Logopedia Tomo I y II. Editorial Pueblo y Educación. Ciudad de la Habana. 1984 y 1986. (Coautor).

- Coautor libro: Técnica del Habla. Editorial Pueblo y Educación. Ciudad de la Habana. 1986. (Coautor).

- Autor libro: Psicología del Lenguaje. Editorial Pueblo y Educación. C. de la Habana. 1982.

Manuel J. Quintana Díaz

- Coautor: Manual chileno para Programa Lexia 3.01 para Windows. Ministerio de Educación de Chile y Sociedad CECLA Ltda. Santiago de Chile, 2001.

- Coautor: Módulo de Auto-instrucción Programa Lexia 3.01 para Windows: Una herramienta informática para la adquisición de competencias comunicacionales. Ministerio de Educación de Chile y Sociedad CECLA Ltda. Santiago de Chile, 2003.

- Coautor: Guía 1.0: Educación para la Transición de estudiantes que nos plantean retos múltiples. Unidad de Educación Especial del Ministerio de Educación de Chile y Perkins International - Lavelle Fund for the Blind Inc New Cork. Santiago de Chile, 2012 - 2013.

- Autor Libro: APOYOS para la Transición hacia una Vida Adulta Activa: Propuesta Progresiva de Aprendizajes Vitales. Edición Nº 1 (2012). Santiago de Chile. Edición N° 2 (2020). Ediciones PRONOS WORLD. Miami, FL. EEUU.

- Coautor: Material de Apoyo Docente: Progresiones de Aprendizaje. Ediciones DIVERSITAT Ltda. Ediciones Nº 1 (2013). Edición N° 2 (2015). Santiago de Chile.

- Coautor: Propuesta de Criterios y Orientaciones de Adecuación Curricular para estudiantes que presentan Discapacidad y Necesidades Educativas Especiales en el nivel de Educación Media. Unidad de Educación Especial del Ministerio de Educación de Chile. Santiago de Chile, 2017.

Capítulo Introductorio

- **Presentación de la Edición Seriada:**

Objetivos de Aprendizaje de Enriquecimiento para su Priorización (OAep) y sus Indicadores de Logro: Un Complemento para el Currículo de la Educación General en Todos sus Niveles

Esta serie de publicaciones interrelacionadas en su globalidad y concebida como una sola unidad, sitúa el foco de análisis en la Educación que soñamos: Una lo suficientemente inclusiva y flexible para mantenerse alineada con las exigencias que plantea la vida cotidiana en todos los ámbitos que la configuran, siempre bajo la influencia de variables socio-histórico-culturales que la definen tanto local como globalmente y con sobrada capacidad renovadora para anticiparse en la proyección de futuros deseables.

A través de su diseño sucesivo, los autores buscan sistematizar las distintas temáticas propuestas para cada uno de los volúmenes que la componen, los que en su totalidad, estarán orientados a complementar los currículos de los distintos niveles educativos mediante la proposición, para su gestión e implementación, de una selección de Progresiones de Objetivos de Aprendizaje e Indicadores de Logro, estrechamente vinculados a distintas Dimensiones y Sub-dimensiones que configuran la naturaleza multidimensional del ser humano.

Lo anterior, desde un enfoque ontogénico y con especial énfasis en la aplicación de los atributos inherentes al enfoque Ecológico – Funcional en tanto se promueven experiencias de aprendizajes útiles, aplicables a situaciones, dinámicas y actividades propias de la cotidianeidad que encuentren significados en múltiples contextos de participación social, potenciando el Funcionamiento Autónomo Individual.

La diversidad humana es heredera del acontecer del desarrollo de la especie humana (Filogenia), lo que se expresa en la potencialidad de interactuar con toda expresión cultural. Con ello, se asume la idea de que todo ser humano en su acontecer evolutivo (Ontogenia) es portador del legado de la especie.

A lo largo de esta obra, se trata de asumir esta postura para facilitar la aprehensión de la cultura, teniendo presente los matices propios a lo que hace cada una expresión irrepetible de lo diverso.

Desde esa mirada, sus autores coinciden estratégicamente en iniciar esta Edición Seriada con un análisis preliminar de los contextos en que se expresa el desarrollo humano, a través de Dimensiones y por consiguiente, desde una mirada Multidimensional.

Establecido lo anterior, reconocemos que las Dimensiones Humanas constituyen múltiples formas de interacciones bio-psico-sociales que a su vez, se diversifican al interior de cada una de ellas mediante Sub-dimensiones que actúan como matrices integrales donde sistémicamente se ordenan las Progresiones de OA(ep) y sus Indicadores de Logro, favoreciendo el tránsito desde un Nivel Objetal/Concreto, pasando por lo Representativo/Pictórico para culminar en lo Verbal/Simbólico.

Como se puede apreciar, se concibe desde lo general hacia lo específico, cautelando que los aprendizajes adquiridos en determinada etapa, impacten favorablemente en la siguiente y así sucesivamente en un continuo que va delineando progreso y ascensión en las trayectorias personales a lo largo del ciclo vital.

Desde esa mirada, se promueve la integralidad de los aprendizajes; su transferencia y aplicabilidad en situaciones, actividades y dinámicas propias de la cotidianeidad, evitando precisamente la fragmentación de los procesos de enseñanza y de aprendizaje.

Esta mirada holística, sistémica y socio-ecológica del desarrollo, conlleva a que las respuestas frente a un determinado Perfil de Necesidades Individuales de Apoyo, sean comprendidas en la misma amplitud, dentro de las regulaciones evolutivas y bajo la influencia de interacciones entre el sujeto y los factores ambientales, sociales y sus manifestaciones culturales.

La idea de complementar el Currículo General con Progresiones de Objetivos de Aprendizaje de **enriquecimiento** para su **priorización** (en adelante OAep) organizadas, como ha sido indicado, en Dimensiones y Sub-dimensiones, tiene como único propósito cubrir el abordaje de la diversidad educativa desde una mirada comprensiva e integral, siguiendo la misma lógica del trabajo con los Objetivos de Aprendizaje Transversales (OAT) al asumirse su necesario trenzado con Objetivos de Aprendizaje previstos en cualquier campo del conocimiento, atendiendo a los distintos Programas de Estudio de las asignaturas.

Los (OAT) son expresados por medio de Dimensiones y orientados a favorecer el Desarrollo Personal y la Conducta Moral y Social de las y los estudiantes en los distintos niveles educativos; trabajándose de manera entretejida con los Objetivos de Aprendizaje (OA) relativos a las distintas Asignaturas.

Desde ese proceder y promoviendo la articulación simultánea con OA y OAT, se han concebido y se espera se trabajen los OA(ep), que formulados y organizados desde una mirada multidimensional, incorporan de manera entretejida distintos ámbitos del desarrollo psicosomático de la diversidad educativa, lo que no es algo excepcional.

A la luz de una mirada a los Componentes de la Actividad de Aprendizaje[1], se ha considerado pertinente utilizar los conceptos: Dimensión y Sub-dimensión para organizar los OA(ep) en calidad de categoría de prescripción curricular que como cualquier otro Objetivo de Aprendizaje, se compone de actitudes, conocimientos y habilidades que buscan enriquecer, dado su nivel de priorización, las respuestas individualizadas en interacción complementaria con los OA y los OAT; asumiéndose que la gestión pedagógica, es una expresión de concreción de las exigencias curriculares, sin perder de

---

1 *Los componentes de actividad de aprendizaje se tratan en el segundo volumen de la presente serie. (Nota de los Autores).*

vista particularidades personales y del contexto socio-histórico-cultural.

Las Progresiones de OA(ep) y sus Indicadores de Logro, han sido concebidas para la diversidad humana, advirtiendo sobre su utilidad en el trabajo con personas típicas y también en situación de discapacidad, aclarando a propósito de este último planteamiento, que en esta publicación los autores no emplearán los términos 'disCAPACIDAD' o 'Necesidades Educativas Especiales' a no ser en citas textuales, sino que se adopta para su definición, en congruencia con el Paradigma de los Apoyos, el de Perfil de Necesidades Individuales de Apoyo, siempre desde una perspectiva multidimensional.

En ese sentido, concordamos plenamente con Saleh, L. (2004), exdirectora de Educación Especial UNESCO en este planteamiento:

"La discapacidad, entendida en su contexto social, es mucho más que una mera condición: es una experiencia de diferencia. Sin embargo, frecuentemente, es también una experiencia de exclusión y de opresión"[2].

En esta publicación seriada, sus autores defienden con fuerza y si intermisión, la diferencia como derecho y valor, aportando a minimizar hasta extinguir barreras de todo tipo (físicas, comunicativas, actitudinales, de políticas públicas y programáticas, sociales, laborales, etc.) que pudieran interferir en el Desarrollo Integral y la Calidad de Vida de grupos de personas que carecen de oportunidades para acceder, participar, interactuar y desempeñar roles socialmente valorados en igualdad de condiciones que el resto de las y los integrantes de la sociedad.

De ahí, que al considerar la factibilidad de trabajar las Progresiones de OA(ep) y sus Indicadores de Logro con la diversidad educativa en su más amplia expresión, se pone de manifiesto la postura comprensiva que adoptan sus autores, que influenciada

---

2 Saleh, L. (2004): Seminario Internacional: Inclusión Social, Discapacidad y Políticas Públicas. Fondo de las Naciones Unidas para la Infancia – Ministerio de Educación de Chile – Universidad Central. Pág. 09

desde la perspectiva ontogénica y con basamento en el principio socio-histórico-cultural, se ha visto enriquecida por décadas de experiencias adquiridas en el trabajo con estudiantes y sus familias, por el ininterrumpido ejercicio de la docencia en Instituciones Educacionales, a través del desarrollo de investigaciones y publicaciones en el ámbito de la Educación.

Asimismo, los autores cuentan con experiencia en el desarrollo de asesorías, capacitaciones y perfeccionamientos dirigidos a directivos, docentes y profesionales asistentes de la educación, lo que ha facilitado el enriquecimiento de la cultura de atención a la diversidad a la que se hace referencia en los volúmenes que se presentan, siempre bajo la proposición de continuar el intercambio.

Desde esa visión optimista frente al valor que encierran las diferencias y la infinitud de oportunidades que brindan, sobreviene la certeza que el tratamiento articulado y simultáneo de OA, OAT y OA(*ep*) en tareas, actividades y evaluaciones, pudiera contribuir a **'balancear o equilibrar'** las propuestas pedagógicas sobre la base de la integración curricular, sin interferir con las exigencias que plantea la Cobertura Curricular.

En tal caso, se podrán ampliar las posibilidades de individualizar apoyos multidimensionales frente a variados requerimientos manifiestos por la diversidad de estudiantes, los que con soporte en la diferenciación, debieran aportar a la promoción de aprendizajes significativos para TODAS Y TODOS.

Destacar también, que han sido examinados y considerados en el diseño progresivo y multidimensional de los OA(*ep*), tres modelos impulsados por instituciones de reconocimiento mundial, las que han hecho propio en sus políticas y prácticas el enfoque multidimensional; justificándose su valoración como referentes teórico – prácticos que contribuyen a reforzar el diseño de la presente propuesta.

Los tres constructos son, el Modelo Social de la Discapacidad propuesto por la Organización Mundial de la Salud (OMS)[3], el Modelo

---

3 *Organización Mundial de la Salud. Web:* *https://www.who.int/es*:

Multidimensional del Desarrollo humano impulsado por la Asociación Americana de Discapacidades Intelectuales y del Desarrollo (AAIDD)[4] y el Modelo Operativo de Calidad de Vida formulado por Schalock, L. R. y Verdugo, M. A. (2002 – 2003)[5].

En este Volumen 1, serán abordados estos tres constructos teórico-prácticos.

Seguidamente, se presentan las Dimensiones que nutren de Aprendizajes Esperables a las Progresiones de OA(*ep*) y sus Indicadores de Logro como Propuesta Multidimensional en calidad de Complemento del Currículo de la Educación General para todos sus Niveles:

---

(1)   Clasificación Internacional del Funcionamiento, de la Discapacidad y de la Salud (2011): Versión para la infancia y adolescencia: CIF-IA. Ministerio de Sanidad, Política Social e Igualdad. Centro de Publicaciones. Madrid, España.

(2)   Clasificación Internacional del Funcionamiento, de la Discapacidad y de la Salud: (2001). Ministerio de Trabajo y Asuntos Sociales. Secretaría de Estado de Servicios Sociales, Familias y Discapacidad. Instituto de Mayores y Servicios Sociales (IMSERSO).

(3)   Clasificación Internacional de Enfermedades (2018). Editado por el Ministerio de Sanidad, Servicios Sociales e Igualdad, Secretaría General Técnica © Ministerio de Sanidad, Servicios Sociales e Igualdad.

4 Asociación Americana de Discapacidades Intelectuales y del Desarrollo. En inglés: American Association on Intellectual and Developmental Disabilities (AAIDD). Web: https://www.aaidd.org/

5 Schalock, L.R. y Verdugo, M.A. (2002 - 2003). Quality of life for human service practitioners. Washington, DC: American Association on Mental Retardation. Traducido al Castellano por Verdugo, M.A. y Jenaro, C. Calidad de vida. Manual para profesionales de la educación, salud y servicios sociales. Madrid: Alianza Editorial.

Dimensiones contempladas en la formulación de OA(*ep*) en alineación con OA y OAT que propone el Currículo General

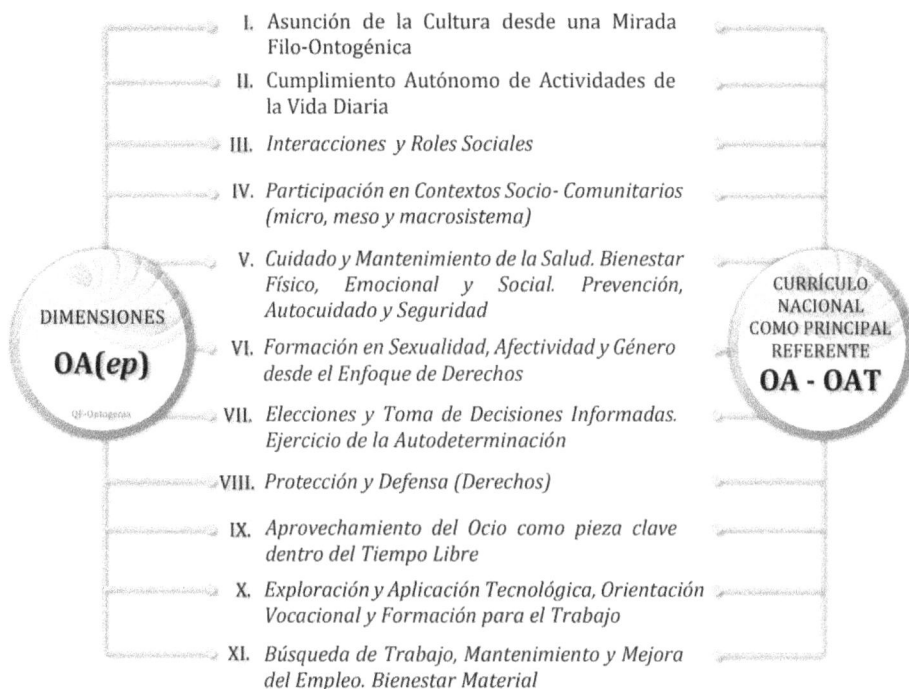

DIMENSIONES
OA(*ep*)
QE-Ontogenna

I. Asunción de la Cultura desde una Mirada Filo-Ontogénica

II. Cumplimiento Autónomo de Actividades de la Vida Diaria

III. *Interacciones y Roles Sociales*

IV. *Participación en Contextos Socio- Comunitarios (micro, meso y macrosistema)*

V. *Cuidado y Mantenimiento de la Salud. Bienestar Físico, Emocional y Social. Prevención, Autocuidado y Seguridad*

VI. *Formación en Sexualidad, Afectividad y Género desde el Enfoque de Derechos*

VII. *Elecciones y Toma de Decisiones Informadas. Ejercicio de la Autodeterminación*

VIII. *Protección y Defensa (Derechos)*

IX. *Aprovechamiento del Ocio como pieza clave dentro del Tiempo Libre*

X. *Exploración y Aplicación Tecnológica, Orientación Vocacional y Formación para el Trabajo*

XI. *Búsqueda de Trabajo, Mantenimiento y Mejora del Empleo. Bienestar Material*

CURRÍCULO NACIONAL COMO PRINCIPAL REFERENTE
OA - OAT

Esquema 1[6]

Las Dimensiones y sus correspondientes Sub-dimensiones, contienen múltiples Aprendizajes Esperables (actitudes, conocimientos y habilidades) que van combinándose durante la ejecución de Actividades de la Vida, definiendo el nivel de Funcionamiento Individual alcanzado por una persona para Participar, Interactuar y Desempeñar Roles Socialmente Valorados, de manera Autónoma, Eficiente y Responsable en distintos Contextos Socio-comunitarios.

En el esquema compartido, se observa que la **Dimensión I**, a diferencia de otras publicaciones afines, que por lo general la definen como Habilidades Intelectuales, aquí se designa como ***Asunción de la Cultura desde una Mirada Filo-Ontogénica***; postura que identifica a sus autores, bajo la idea rectora que la cultura, donde la Educación es

---

6 Elaboración propia.

decidora en su rol mediador entre una generación y otra para conservarla y enriquecerla, va a favorecer la consolidación de la propia evolución humana.

También se advierte, que la **Dimensión II:** *Cumplimiento Autónomo de Actividades de la Vida Diaria*, sustituye el concepto habitualmente empleado de Conducta Adaptativa sin que esto implique confrontación conceptual alguna, sino más bien se asume que la Actividad Social Conjunta como premisa configuradora de la individualidad, explica el Nivel Adaptativo, Comportamental y de Funcionamiento Individual proyectado mediante el desempeño de múltiples roles sociales a lo largo de todo el ciclo vital y concretizados en diferentes contextos socio-comunitarios presentes longitudinalmente en todas las Dimensiones y las Sub-dimensiones aquí propuestas.

A lo anterior, agregar el reconocimiento desde el punto de vista teórico-práctico, respecto del creciente consenso sobre la fusión e interrelación que se produce entre esta Dimensión II y lo que se entiende por Inteligencia.

De hecho, al analizar el amplio espectro de habilidades sociales, intelectuales y prácticas que forman parte de la Dimensión II, comprobamos que los aprendizajes desarrollados por el sujeto, permiten describir el nivel de Funcionamiento Individual alcanzado para cumplir exitosamente con la realización de todas las actividades que forman parte de su vida diaria; constatándose que dichas habilidades, se van a concretizar en el resto de las Dimensiones.

En materia de Evaluación Diagnóstica, de Planificación de los Apoyos e Implementación de las Propuestas Pedagógicas Diversificadas, no cabe duda alguna que la Dimensión II, juega un papel decidor en la conducción misma de los procesos de enseñanza, de aprendizaje y de evaluación de los resultados.

A propósito de la capacidad de los seres humanos de conducir sus vidas y de la consciencia que guía sus actuaciones y desempeños, atendiendo a las particularidades del entorno y en función de un grupo, invariablemente bajo las influencias de factores socio-histórico-culturales que irán modificando sus acciones, no cabe duda que las transformaciones y los logros alcanzados por la humanidad, no están supeditados a la evolución biológica de nuestra especie, la que sin cuestionamiento alguno, acontece ininterrumpida y permanentemente a un ritmo relativamente lento, sino que han obedecido esencialmente a la evolución cultural cuyo dinamismo y vertiginosidad, no tiene parangón con aquellos que particularizan la evolución biológica.

En ese sentido, no podemos estar más de acuerdo con Gould, J. S. (1981) cuando afirma:

"El carácter único del hombre reside esencialmente en nuestro cerebro. Se expresa en la cultura construida sobre nuestra inteligencia y el poder que nos da para manipular el mundo. Las sociedades humanas cambian por evolución cultural, y no como resultado de alteraciones biológicas" [7].

Queda espacio para precisar que el acontecer del desarrollo cultural, deja su huella en la sucesión evolutiva de las individualidades de la especie, donde la interacción socio-histórico-cultural provoca recurrentes transformaciones biológicas. Aquello que resulta relevante para la especie (**Filogenia**), tiene vigencia en el acontecer evolutivo de sus individuos (**Ontogenia**).

En el entendido que las alteraciones biológicas se constituyen en expresiones del propio de acontecer del desarrollo de la humanidad, en la que la sociedad, y se tiene la esperanza de que cada vez más así sea, refuerce su predominio como activador de las potencialidades propias de la diversidad para interactuar con la cultura.

Figueredo E. (2016)[8] subraya:

---

[7] *Gould, J.S. (1981): La falsa medida del hombre. Ediciones ORBIS, S.A. En inglés 'The Mismeasure of Man'. Pág. 342.*
[8] *Figueredo E. F. y Álvarez, J. (2016). Un enfoque ontogénico en el desarrollo del lenguaje. Revista Arje Volumen 10. N° 18. Universidad de Carabobo. Pág. 41.*

"En la correlación entre las manifestaciones individuales de desarrollo y las condiciones sociales en que este ocurre, hay que tener en cuenta que se trata de no sólo transmitir una cultura registrada en un código externo vitalizado con mayor o menor amplitud en los diferentes contextos de socialización, sino también movilizar los recursos filogénicos registrados en el código genético como experiencia cultural del acontecer de la especie humana y que deja sus huellas en la biología humana".

Precisamente, por las influencias e interacciones que en términos de aprendizaje y de desarrollo experimentan los seres humanos a lo largo de todo su ciclo vital y de manera continua a causa de factores ambientales y socio-histórico-culturales, es determinante que la denominada 'inteligencia general' deje de ser una prerrogativa y se preste también atención a las inteligencias múltiples como una vía para asegurar la capacidad adaptativa, considerando por cierto, variables tales como: históricas, socio-culturales, geográficas, demográficas, etc.

Gardner, H. (2001) aludiendo al denominado 'perfil de inteligencias' y a la capacidad humana de combinar varias formas de inteligencia para cumplir con la ejecución de diversas actividades, resolver problemas e ir profundizando y ampliando progresivamente su nivel de dominio en distintos ámbitos a lo largo de su trayectoria vital, etc., manifiesta que esa multiplicidad de inteligencias: *"... desafía al sistema educativo que supone que todo el mundo puede aprender las mismas materias del mismo modo y que basta con una medida uniforme y universal para poner a prueba el aprendizaje del estudiante"*[9].

Lo común, es que todos puedan aprehender cultura humana y en su acontecer, se deben matizar las expresiones individuales de orientación en el entorno, siguiendo una mirada evolutiva Ontogénica. Esta mirada referencial al acontecer individual del

---

9 *Gardner, H. (2001): La mente no escolarizada. Cómo piensan los niños y cómo deberían enseñar las escuelas. Tercera reimpresión. Editorial Paidós. Buenos Aires. Pág. 27.*

desarrollo, argumenta a favor de que resulte comprensible que se perfilen Objetivos de Aprendizaje desde la postura anteriormente indicada, cuando se consideró que se trataba de **Conocer para Incluir**.

En este entendido, es oportuna la definición de OA(*ep*) propuesta por Quintana, D.M. (2020)[10]:

> *"Conjunto de Objetivos de Aprendizaje compuestos de actitudes, conocimientos y habilidades, de alta especificidad, provenientes de varias Dimensiones que configuran la naturaleza multidimensional del ser humano, concebidos como un complemento de las Bases Curriculares de la Educación General en todos sus niveles y cuyo tratamiento, siempre se deberá realizar en forma integrada y simultánea con los OA y los OAT; debiéndose favorecer niveles crecientes de flexibilización curricular, empleando dos criterios de Adecuación Curricular en los Objetivos de Aprendizaje: enriquecimiento y priorización".*

Queda a la vista, que desde este amalgama multidimensional que ordena las Progresiones de OA(*ep*), se podrá extraer una amplia variedad de aprendizajes esperables (actitudes, conocimientos y habilidades) para responder a requerimientos de apoyo de la diversidad educativa, siguiendo el llamado de conocer para incluir y a las infinitas oportunidades que ofrece la Diversificación de la Enseñanza frente a la pluralidad de requerimientos actitudinales, intelectuales, motrices, sensoriales, comunicativos, de interacción socio-adaptativos, etc., complementando de esa forma, toda la amplitud consustancial propia del Desarrollo Multidimensional Humano.

Identificadas las Dimensiones que han sido definidas en el marco de esta propuesta y desde las cuales, se han formulado las

---

10 Quintana, D.M. (2020): *APOYOS para la Transición hacia una Vida Activa: Propuesta Progresiva de Aprendizajes Vitales. Ediciones PRONOS WORLD. Florida, EEUU. Pág. 36.*

Progresiones de OA(*ep*) e introducida la definición de esta variante específica de Objetivo de Aprendizaje que al igual que los OA y los OAT, también define desempeños mínimos esperables, se puede intuir que a través de ellos, se busca generar, desde la complementariedad, un mayor equilibrio en la concepción misma de las propuestas pedagógicas, logrando balance e interrelaciones con los OA y los OAT a trabajar.

Lo anterior, se concretiza mediante la incorporación, por medio del **enriquecimiento** y, teniendo en cuenta el nivel de **priorización** de una amplia gama de Objetivos de Aprendizaje que podrían resultar decidores para que un indeterminado número de estudiantes que manifiesta Necesidades Multidimensionales de Apoyo, logre acceder, permanecer y progresar lo más convenientemente posible por sus trayectorias educativas.

Aquí, más que perfilar la incorporación OA(*ep*), considerando posibles abordajes exiguos u omisiones por parte del Currículo General, más bien se busca su enriquecimiento a partir del principio pedagógico que apunta a la necesidad de individualizar y de diferenciar el proceso de enseñanza y de aprendizaje, atendiendo al Perfil de Necesidades Individuales de Apoyos desde una mirada multidimensional.

Señalar además, que el tratamiento esperado de esta Progresión de OA(*ep*), se centra en la individualización de la enseñanza y del aprendizaje desde un enfoque inclusivo y de derechos, por lo que no se puede ni debe reducir al desarrollo de actividades paralelas o dicho de otro modo, que estén fuera de los Planes y Programas de Estudio del currículo prescrito, sino que su abordaje, ha de ser coexistente a ellos, a través de la integración curricular y en indubitable sincronía con los OA y los OAT.

En concordancia con lo previamente señalado, Tedesco, C.J., Opertti, R. y Amadio, M. (2013) lo expresan claramente:

"Se puede plantear que el norte de referencia del sistema educativo debería residir en el compromiso de ofrecer a cada estudiante una oportunidad personalizada de aprender. Personalizar la educación no

implica la sumatoria de planes individualizados de atención al estudiante desligados y abstraídos de un entorno colectivo de aprendizaje con otros pares, sino movilizar todas las potencialidades en ambientes de aprendizaje con diversidad de contextos"[11].

Se trata de una mediación individualizada, facilitadora de resultados de aprendizaje concebidos en las mallas curriculares, en el entendido que todo quehacer de enseñanza – aprendizaje, asume los matices del entorno territorial y hace comprensible lo que será requisitorio para la implementación y la gestión de propuestas pedagógicas enriquecidas con OA(*ep*).

Igualmente se aclara, que las Progresiones de OA(*ep*) sugeridas en esta edición seriada, han sido planteadas en complejidad creciente, encontrando fundamentos en una propuesta taxonómica de corte ontogénica elaborada por sus autores con el nombre **QF-Ontogenia**, la que será analizada en profundidad en el Volumen 2 de esta publicación.

En esencia, esta sucesión de volúmenes busca promover la planificación e implementación de Estrategias Pedagógicas Integradas (EPI)[12], las que en el marco de la Gestión Pedagógica Colaborativa como modelamiento facilitador del Aprendizaje Cooperado, logren interrelacionar OA de distintas Asignaturas con OAT y OA(*ep*) imprescindibles de trabajar como posible vía para gestionar e implementar Propuestas Pedagógicas que respondan y se ajusten al Perfil de Necesidades Multidimensionales de Apoyo de cada estudiante, evitando desviaciones conducentes al paralelismo curricular.

Aquí, se antepone el enfoque basado en los Derechos Humanos, salvaguardando la igualdad de oportunidades en una Educación para

---

11 Tedesco, J. C., Opertti, R., Amadio, M. (2013): ¿Por qué importa hoy el debate curricular? UNESCO, Oficina Internacional de Educación. Ginebra, Suiza. Pág. 8.
12 Ibidem 9. Propuesta elaborada por Quintana, D.M. (2020) con énfasis en la integración curricular, a través de la articulación simultánea de OA, OAT y OA(ep), recurriendo a la Metodología de Proyectos, Aprendizaje Basado en Proyectos, Aprendizaje Basado en Retos, desarrollo de Estrategias de Alternancia a través de Circuitos Comunitarios, Tres variantes de Pasantías Laborales de Aprendizaje; entre otras. Pág. 49 – 126.

TODAS y TODOS sin distinción de edad, nacionalidad, cultura, creencias, religión, condición socio-económica, necesidades de apoyo; entre otros atributos que permiten comprender la diversidad humana como derecho y valor.

Seguidamente, se comparten los contenidos que organizan esta Edición Seriada, inspirada en la idea de sistematizar los Apoyos Individualizados por Dimensiones y Sub-dimensiones constituyentes del Desarrollo Humano:

VOLUMEN 1 - DIMENSIÓN I: *Asunción de la Cultura desde una Mirada Filo-Ontogénica*

PRESENTACIÓN DE LA EDICIÓN SERIADA

RAZONES Y FUNDAMENTOS PARA EL INTERCAMBIO

1.1. Las Capacidades: Condición Universal del Desarrollo Multidimensional Humano

1.2. La Interacción Social: Motor Impulsor del Aprendizaje Humano

1.3. Progresión de Aprendizajes Concretos, Representativos y Verbales: Un Modo Accesible de Aprender

BIBLIOGRAFÍA

VOLUMEN 2 – DIMENSIÓN I: *Asunción de la Cultura desde una Mirada Filo-Ontogénica*

1.4. Conocer para Incluir: El Diagnóstico en Función de la Generación de Apoyos

1.5. La Ejercitación durante los Aprendizajes, atendiendo a los Componentes de la Actividad de Aprendizaje

1.6. Propuesta Taxonómica Ontogénica (QF-Ontogenia) y sus Fundamentos

1.7. Gestión Pedagógica Colaborativa para el Aprendizaje Cooperado

BIBLIOGRAFÍA

VOLUMEN 3 – DIMENSIÓN II: *Cumplimiento Autónomo de Actividades de la Vida Diaria*

INTRODUCCIÓN – Dimensión II y Sub-dimensiones relacionadas

PROGRESIONES DE *OA(ep)* POR SUB-DIMENSIÓN:

Actividades Básicas de la Vida Diaria (ABVD)

2.1. Control de Esfínteres (defecación y micción) Libre de Estrés, a través de la Socialización y la Asunción de Patrones Culturales predominantes

2.2. Alimentación Variada, Equilibrada y Saludable

2.3. Uso del WC en distintos Contextos Socio-Comunitarios

2.4. Higiene Corporal: Cuidado, Limpieza y Salud

2.5. Vestuario y Calzado

2.6. Presentación Personal

2.7. Autocuidado y Seguridad

2.8. Orientación y Desplazamientos en distintos Contextos Socio-Comunitarios (micro y mesosistema)

Actividades Instrumentales de la Vida Diaria (AIVD)

2.9. Preservación y Preparación de Alimentos

2.10. Orden e Higiene Ambiental

2.11 Uso de Dispositivos y de Equipos

2.12. Cuidado de la Ropa y del Calzado

2.13. Realización de Mantenciones y de Reparaciones Básicas

2.14. Orientación, Desplazamientos y Uso de la Red Comunitaria de Servicios (micro, meso y macrosistema)
Un análisis más detallado acerca de niveles superiores de desempeños vinculados a esta Sub-dimensión, son abordados en el Volumen 5. Dimensión IV: *Participación en Contextos Socio-comunitarios (micro, meso y macrosistema)*, Sub-Dimensión 4.3.: Uso Eficiente y Responsable de la Red de Servicios Comunitarios en el punto 4.3.1, referido al Transporte y las Telecomunicaciones.

2.15. Manejo del Dinero; su Denominación, Uso Diversificado y Administración Responsable (compras – pago de cuentas – mantención de la economía doméstica)

Niveles más elevados de desempeño asociados a esta Sub-dimensión, se podrán revisar en el Volumen 5. Dimensión IV: *Participación en Contextos Socio-comunitarios (micro, meso y macrosistema)*, Sub-Dimensión 4.3.: Uso Eficiente y Responsable de la Red de Servicios Comunitarios en puntos tales como por ejemplo, 4.3.4. Comercio y 4.3.5. Servicios Financieros.

2.16. Crianza y Cuidado de Hijas/os

2.17. Cuidado de Adultos Mayores, Personas en Situación de Discapacidad, otros.

2.18. Actuaciones frente a Emergencias

2.19. Cuidado de Mascotas

BIBLIOGRAFÍA

VOLUMEN 4 – DIMENSIÓN III: *Interacciones y Roles Sociales*

INTRODUCCIÓN – Dimensión III y Sub-dimensiones relacionadas

PROGRESIONES DE *OA(ep)* POR SUB-DIMENSIÓN:

3.1. Dominio de Habilidades Básicas de Interacción Social

3.2. Expresión, Control y Comprensión de Emociones, Sentimientos y Opiniones. Iniciación y Sostenimiento de Conversaciones. Habilidades No Verbales y Verbales.

3.3. Establecimiento de relaciones interpersonales con desconocidos, compañeros, amistades, familiares, relaciones de pareja, etc.)

3.4. Cumplimiento de Normas de Interacción Social, Aceptación de la Autoridad, Seguimiento de Instrucciones y Cumplimiento de Tareas

3.5. Asertividad y Empatía

3.6. Auto-concepto, Autoestima, Autocontrol, Autorregulación y Afrontamiento

3.7. Resolución de Problemas Interpersonales. Afrontamiento y Negociación

3.8. Cooperación y Solidaridad

3.9. Responsabilidad Cívica: Derechos y Deberes en Contextos Locales y Globales regidos por una Cultura Democrática

BIBLIOGRAFÍA

VOLUMEN 6 – DIMENSIÓN V: *Cuidado y Mantenimiento de la Salud. Bienestar Físico, Emocional y Social. Prevención, Autocuidado y Seguridad*

INTRODUCCIÓN – Dimensión V y Sub-dimensiones relacionadas

PROGRESIONES DE *OA(ep)* POR SUB-DIMENSIÓN:

5.1. Ciclo Vital y Desarrollo Humano

5.2. Enfermedades (binomio salud – enfermedad como proceso dinámico) y Factores de Riesgo

5.3. Accidentes, Desastres, Emergencias, Epidemias y Factores de Riesgo

5.4. Accesibilidad Universal, Equidad y Derecho a la Protección de la Salud conjuntamente con otros Derechos vinculados a ella: Acceso a la Atención de Salud, Educación, Alimentación y Nutrición, Medio Ambiente, Seguridad Social, etc.

5.5. Prevención, Autocuidado y Seguridad

5.6. Cuidado, Mantenimiento y Control de la Salud Física:

5.6.1. Bienestar Corporal y óptimo Funcionamiento del Organismo

5.6.2. Estilo de Vida Saludable

5.7. Cuidado, Mantenimiento y Control de la Salud Mental:

5.7.1. Bienestar Emocional a través del manejo adecuado de Sentimientos, Pensamientos y Comportamientos

5.8. Salud Social:

5.8.1. Condiciones, Circunstancias y Oportunidades de Vida que impactan en la Salud.

5.8.2. Interacciones Sociales Saludables para asegurar Equilibrios entre el Bienestar Físico y el Emocional

5.8.3. Armonía entre Valores y Actuaciones: Bienestar Psicológico

5.9. Políticas, Servicios y Programas relacionados con la Salud y otros componentes relacionados

5.10. Legislación sobre la Salud y otros Componentes relacionados

5.11. Breve Análisis sobre Categorías de Factores contribuyentes a la Etiología

BIBLIOGRAFÍA

VOLUMEN 7 – DIMENSIÓN VI: *Formación en Sexualidad, Afectividad y Género desde un Enfoque de Derechos*

INTRODUCCIÓN – Dimensión VI y Sub-dimensiones relacionadas

PROGRESIONES DE *OA(ep)* POR SUB-DIMENSIÓN:

6.1. Auto-cocimiento: Cambios Físicos y Emocionales en las distintas Etapas del Ciclo Vital

6.2. Elección de Pareja, Enamoramiento e Iniciación de Relaciones Afectivo – Sexuales. Métodos de Prevención

6.3. Prevención del Abuso Sexual y otras Situaciones de Riesgo

6.4. Orientación Sexual, Identidad y Equidad de Género

6.5. Salud sexual y reproductiva: Prevención de Infecciones de Transmisión Sexual (ITS) y del Virus de Inmunodeficiencia Humana (VIH).

6.6. Maternidad y Paternidad Responsables

6.7. Políticas, Servicios, Programas e Iniciativas Multisectoriales de Información, Asesoría y Apoyo sobre temas relacionados con la Salud y, los Derechos Sexuales y Reproductivos

6.8. Legislación sobre Sexualidad, Afectividad y Género

BIBLIOGRAFÍA

VOLUMEN 8 – DIMENSIONES VII – VIII – IX

DIMENSIÓN VII: *Elecciones y Toma de Decisiones Informadas. Ejercicio de la Autodeterminación*

INTRODUCCIÓN – Dimensión VII y Sub-dimensiones relacionadas

PROGRESIONES DE *OA(ep)* POR SUB-DIMENSIÓN:

7.1. Expresión de Preferencias y Opiniones sobre la base del acceso sin barreras, a un amplio abanico de informaciones provenientes del entorno

7.2. Establecimiento de Metas Personales. Elecciones y Toma de Decisiones Informadas

7.3. Ejercicio de la Libre Determinación

BIBLIOGRAFÍA

DIMENSIÓN VIII: *Protección y Defensa (Derechos)*

INTRODUCCIÓN – Dimensión VIII y Sub-dimensiones relacionadas

PROGRESIONES DE *OA(ep)* POR SUB-DIMENSIÓN:

8.1. Conocimiento, Promoción y Ejercicio de los Derechos Humanos

8.2. Protección de sus Derechos y Promoción de la Defensa de los Derechos Humanos de otras Personas

BIBLIOGRAFÍA

DIMENSIÓN IX: *Aprovechamiento del Ocio como pieza clave dentro del Tiempo Libre*

INTRODUCCIÓN – Dimensión IX y Sub-dimensiones relacionadas

PROGRESIONES DE *OA(ep)* POR SUB-DIMENSIÓN:

9.1. Tiempo Libre

9.2. Ocio como Continuo de Experiencias Auto-determinadas

BIBLIOGRAFÍA

VOLUMEN 9 – DIMENSIÓN X: *Exploración y Aplicación Tecnológica, Orientación Vocacional y Formación para el Trabajo*

INTRODUCCIÓN – Dimensión X y Sub-dimensiones relacionadas

PROGRESIONES DE *OA(ep)* POR SUB-DIMENSIÓN:

10.1. Exploración y Aplicación Tecnológica

10.2. Identificación de Perfiles Ocupacionales y Descubrimiento de Intereses Vocacionales

10.3. Reconocimiento de Tendencias, Requerimientos y Restricciones que plantea el Mercado de Trabajo Local

10.4. Dominio de Legislación Laboral. Derechos y Deberes de las y los Trabajadoras/es

10.5. Conocimiento de Medidas Generales de Prevención de Accidentes y de Seguridad en los Contextos y Puestos Ocupacionales. Salud en el Trabajo y Prevención de Enfermedades Profesionales

10.6. Fortalecimiento del Auto-concepto y de la Madurez Vocacional

10.7. Identificación de Itinerarios Formativos. Valoraciones y Ajustes Razonables entre Perfil Personal y el Perfil del Puesto de Trabajo

10.8. Realización de Elecciones y Toma de Decisiones Vocacionales Realistas e Informadas

10.9. Participación en Itinerario Formativo. Desarrollo de Competencias Básicas, Técnicas y Genéricas (transversales o de empleabilidad)

10.10. Conocimiento de Estrategias para la Búsqueda de Empleo

10.11. Proyección de posibles Opciones de Salida al Empleo

BIBLIOGRAFÍA

VOLUMEN 10 – DIMENSIÓN XI: *Búsqueda de Trabajo, Mantenimiento y Mejora del Empleo. Bienestar Material*

INTRODUCCIÓN – Dimensión XI y Sub-dimensiones relacionadas

PROGRESIONES DE *OA(ep)* POR SUB-DIMENSIÓN:

11.1. Búsqueda de Empleo

11.2. Acceso al Empleo. Desempeños Ocupacionales Eficientes y Responsables

11.3. Conocimiento de Medidas Específicas de Prevención de Accidentes y de Seguridad en el Contexto y Puesto Ocupacional en que se desempeña.

11.4. Cuidado de la Salud en el Trabajo. Aplicación de Medidas para la Prevención de Enfermedades Profesionales

11.5. Protección y Defensa de sus Derechos Laborales y Promoción por el Respeto de los de otras Personas

11.6. Cumplimiento de sus Deberes como Trabajador/a, a través de Desempeños Ocupacionales Responsables, Eficientes y Seguros

11.7. Satisfacción con el Trabajo. Permanencia y Mejoramiento del Empleo.

11.8. Mejoramiento de las Condiciones Económicas y Materiales. Seguridad Económica y Bienestar Material

BIBLIOGRAFÍA

El proceso de publicación proyectado para esta serie de volúmenes, será de carácter paulatino y la difusión de cada ejemplar editado, se realizará a través de las redes que pone a su disposición PRONOS WORLD:

Web   http://pronosworld.com/pronosworld/home.html

Facebook   https://www.facebook.com/pronos.consultores.2014/

Twitter   https://twitter.com/pronosworld

E-mail   info@pronos.cl – infor@pronosworld.com

Youtube   https://www.youtube.com/channel/UCLlrzTjmK5Xc49iJQP_3d6g

Al formar parte de las redes de PRONOS WORLD, le mantendremos informada/o sobre el lanzamiento de cada volumen que compone esta publicación seriada, así como también de nuevas ediciones, videos; entre otros recursos.

- **Razones y Fundamentos para el Intercambio**

El Desarrollo Humano: Una Visión de Conjunto

Desde la perspectiva ontogénica, abordar la naturaleza del desarrollo humano nos lleva a reconocer su:
- *Permanencia / Continuidad* por cuanto se extiende ininterrumpidamente a lo largo de toda la vida.

- *Gradualidad* y *Transformación* porque va aconteciendo y manifestándose progresivamente, cubriendo distintas etapas que forman parte del ciclo vital, comprometiendo cambios continuados en los planos, físico, cognitivo y psicosocial que se extenderán de múltiples modos e inevitablemente a lo largo de la vida de todo ser humano, indistintamente de su edad, características biopsicosociales, particularidades geográficas, demográficas y socio-económicas representativas del entorno donde vive y se desempeña, etc.

- *Dinamismo* en tanto su vitalidad, provoca profundos cambios en los planos físico, cognitivo y psicosocial.

- *Variabilidad*; asumiéndose como un proceso único que va a experimentar cada ser humano de acuerdo a sus capacidades personales (factores personales que involucran estructuras y funciones corporales) y, exigencias contextuales (factores vinculados al ambiente y la cultura).

- *Plasticidad*, debido a las posibilidades de intervenir (modificar, corregir, compensar) y desde ahí, movilizar recursos naturales y profesionales que respondan a una amplia gama de necesidades de apoyo (físicas, sensoriales, cognitivas, comunicativas, socio-adaptativas, de interacción social, etc.).

- *Multidimensionalidad*, asumiendo que la magnitud del Desarrollo Humano, lo constituye en un supra-sistema de gran dinamismo que integra variados subsistemas sincronizados (físico, químico, biológico, psicológico, social, cultural, ético, moral, espiritual) desde los cuales, bajo la influencia de factores personales y contextuales, así como de las interacciones que se producen entre esas dos variables, se desencadenan cambios continuos en múltiples planos: físico, neurofisiológico, cognitivo, psicosocial, afectivo, moral, etc.

Es precisamente por lo anterior, que el Desarrollo Humano no se puede sujetar a una o algunas dimensiones capaces de asegurar su expansión o eficacia desde el punto de vista funcional, sino que se debe dar como conjunto armónico o sistema fluido y plural de capacidades, potencialidades y necesidades de apoyo que se interrelacionan y expresan desde distintas dimensiones por medio de múltiples inteligencias y en distintos contextos sociales (hogar, escuela, comunidad, centro de trabajo, etc.), lo que su vez, le confiere carácter **Multicontextual**.

Es evidente, que con el reconocimiento de la naturaleza multidimensional del desarrollo humano, se adopta una perspectiva articuladora que decididamente, demandará abordajes multidisciplinarios (multiservicios), los que además de complementar los conocimientos entre las distintas disciplinas involucradas (neurociencias, antropología, sociología, psicología, educación, etc.), permitirán la integración de los conocimientos disponibles para movilizarlos y concretarlos en pos de esa necesaria integralidad.

A propósito de lo señalado precedentemente, Quintana, D.M. (2020) aludiendo a la naturaleza multidimensional, integradora, dinámica e interactiva del desarrollo humano en el continuo que representan las Transiciones Vitales, señala:

"La planificación de APOYOS para favorecer la Transición hacia una Vida Activa, exige que la Educación, se articule con otros sistemas dependientes de la estructura social en general (enfoque MULTI-SERVICIOS), como por ejemplo: Salud, Trabajo y Previsión Social, Justicia, Vivienda y Urbanismo, Trasporte y Telecomunicaciones; entre otros, cuyas misiones y acciones, formen un TODO enfocado

prioritariamente en el Desarrollo Integral y el mejoramiento progresivo de la Calidad de Vida"[13].

Al hacer referencia al Funcionamiento Humano como eje vertebral de la propia vida, tomando en consideración las dimensiones que articulan su naturaleza y de la manera en que estas se involucran e interrelacionan, comprendemos la importancia de la viabilidad, significado y utilidad de los aprendizajes que aseguran el desarrollo adaptativo, los que permitirán amplificar el concepto 'inteligencia', remarcando su importancia en el Funcionamiento Autónomo para cumplir exitosamente con la multiplicidad de Actividades de la Vida Diaria.

Siguiendo con el análisis de los puntos hasta ahora tratados desde una perspectiva ontogénica sobre el abordaje de la naturaleza multidimensional del desarrollo humano, también debiésemos considerar su:

- **Multidireccionalidad** e **Interactividad**, reconociendo que el desarrollo no es un proceso lineal y que dada su naturaleza multidimensional, ciertas capacidades propias de distintos dominios, podrían incrementarse o decrecer a lo largo de la vida como resultado de influencias ejercidas por múltiples factores tanto personales como contextuales, así como por la propia interacción que se produce entre esas dos variables.

Como complemento a lo ya indicado, se hace oportuno reconocer el influjo que tienen para esta fundamentación, las contribuciones de Baltes, B. P. (2007)[14] quien en el contexto de la psicología del desarrollo del ciclo vital, conocida también como psicología del ciclo vital, asume una postura ontogénica, involucrando procesos adaptativos que percibidos desde una perspectiva multidimensional, van a estar condicionados a las particularidades del contexto socio-histórico-cultural.

---

13 *Ibidem 9. Pág. 28*
14 *Baltes, P. B., Lindenberger, U., & Staudinger, U. M. (2006):* **Life Span Theory in Developmental Psychology.** *In R. M. Lerner & W. Damon (Eds.),* **Handbook of child psychology: Theoretical models of human development.** *John Wiley & Sons Inc.*

Asimismo, se insiste que cada uno de los atributos enunciados sobre Desarrollo Humano, están ceñidos y configurados de acuerdo al momento socio-histórico-cultural que delimita el ciclo vital de cada sujeto; sus experiencias (oportunidades, desafíos, situaciones, acciones, etc.) tanto como individuo único e irrepetible como también en calidad de integrante de una colectividad marcada por acciones recíprocas determinadas por la socialización.

En su obra, Vygotsky, L. S. (1983)[15] advertía que las funciones psíquicas superiores, se expresan inicialmente en el ámbito social para posteriormente consolidarse como atributo inherente a la personalidad de cada sujeto. De ahí, que las interacciones sociales, la actividad y las experiencias devenidas de ellas en cada Dimensión que configura la naturaleza humana, se expanden primeramente en un plano interpsicológico y desde ahí, se produce la asimilación y la consolidación de habilidades intrapsicológicas que marcarán actuaciones propias; sus implicancias y la asunción de responsabilidades individuales.

Al respecto, señala:

"La historia de las funciones psíquicas superiores, es la historia de la conversión de los medios de comportamiento social en medios de organización psicológica individual"[16].

Esto, nos lleva a reflexionar sobre el poder que ejerce la socialización en toda actividad humana y cómo las variables históricas y culturales, van a supeditar las interacciones que se producen entre el sujeto y el contexto.

Las actuaciones recíprocas que se producen entre el ser humano y el medio físico, condicionadas por elementos socio-histórico-culturales y representadas internamente por el lenguaje en todas sus

---

15 *Vigotsky, L.S.: (1983): Problemas del Desarrollo Psíquico. Colección de Trabajos. Tomo 3. Academia de Ciencias Pedagógicas. Moscú. Redacción Matiushkina, A.M. En ruso: Проблемы развития психики.*
16 *Vigotsky, L.S.: (1984): El instrumento y el signo en el desarrollo del niño. En Obras en seis tomos. Moscú, Editorial Pedagógica. Tomo 6. Págs.15-90.*

manifestaciones, son según Vygotsky, L.S. y en coincidencia con su pensamiento, las que consideramos van a asegurar comportamientos regulados. En otras palabras, van a determinar el Desarrollo Adaptativo y el nivel de Funcionamiento Individual.

Siguiendo la precedente idea, podemos observar cómo los seres humanos mediante una amplia gama de comportamientos regulados que denotan el nivel de adaptabilidad y del funcionamiento individual, concretizados ciertamente en contextos sociales, se esfuerzan por mantener equilibradas las distintas Dimensiones que articulan sus vidas.

De ahí, el tiempo y los esfuerzos destinados al Crecimiento, Bienestar General y Mejoramiento de la Calidad de Vida en ámbitos tales como: Vida Familiar, Educación, Salud, Participaciones, Interacciones y Roles Sociales, Ocio y Tiempo Libre, Protección y Defensa de sus Derechos, Trabajo, Empleo; entre otras Dimensiones que definen su constitución integral.

Es en respuesta al logro y la preservación de esos 'Equilibrios Multidimensionales', a través de constantes búsquedas por contribuir a la integración armónica de las distintas Dimensiones, que los autores optaron por agrupar las Progresiones de OA(*ep*) y sus Indicadores de Logro en Dimensiones y sus correspondientes Subdimensiones.

Tratamiento Articulado y Simultáneo de OA, OAT y OA(*ep*): Un Ejemplo desde la Experiencia

Poco tiempo atrás, una Corporación de Educación recurrió a nosotros, solicitando capacitar, acompañar y hacer seguimiento a las acciones desarrolladas por Docentes y Profesionales Asistentes de la Educación en la atención de estudiantes beneficiarios del Programa de Integración Escolar (PIE) en más de una veintena de Establecimientos Educacionales.

La justificación de la intervención solicitada que se extendió por más de 2 años de arduo trabajo, encontraba argumentos en que un número significativo de estudiantes si bien accedía y progresaba variablemente por los itinerarios educativos, fuere con o sin la aplicación de Criterios de Adecuación Curricular de Acceso y en los Objetivos de Aprendizaje vinculados a las distintas Asignaturas, se observaba una marcada falta de dominio de actitudes, conocimientos y habilidades para Participar y Desempeñarse Autónomamente en distintos contextos socio-comunitarios, así como también para dar Cumplimiento a una amplia gama de Actividades de la Vida Diaria.

Tanto así, que estudiantes de entre 14 y 18 años de edad, manifestaban significativas Necesidades de Apoyo en el plano del Funcionamiento Individual, generando una dependencia injustificada para llevar adelante sus vidas en múltiples situaciones, contextos, actividades y dinámicas propias de la cotidianeidad.

A la luz de los resultados de la Evaluación Diagnóstica Integral y en respuesta a los Perfiles Individuales de Necesidades Multidimensionales de Apoyo, se propuso la implementación de una propuesta de Enriquecimiento Curricular para todos los Niveles y Cursos con basamento en la Gestión Pedagógica Colaborativa, a través del despliegue de un conjunto de Estrategias Pedagógicas Integradas (EPI), concediendo especial énfasis, al Aprendizaje Basado en Proyectos (ABP); integrándose a la Planificación de los Procesos de Enseñanza y de Aprendizaje un conjunto de OA(*ep*) procedente de varias Dimensiones y sus respectivas Sub-dimensiones, en respuesta a la pluralidad de Necesidades de Apoyo.

En esta particular realidad, entre los OA(*ep*) más urgentes de trabajar, destacaban aquellos provenientes de Dimensiones tales como:

1) Cumplimiento de Actividades de la Vida Diaria,
2) Interacciones y Desempeño de Roles Sociales,
3) Cuidado y Mantenimiento de la Salud Física, Mental y Social,
4) Elecciones, Toma de Decisiones Informadas y Autodeterminación,
5) Protección, Defensa y Promoción de los Derechos Humanos y,
6) Ocio y Tiempo Libre

A través del Trabajo Colaborativo, se tomaron decisiones conjuntas, eligiendo OA de distintas Asignaturas considerados nucleares y desde ahí, se procedió a la Integración Curricular, incorporando OA de otras Asignaturas, OAT pertenecientes a distintas Dimensiones y también OA(*ep*).

Gracias a la flexibilidad y a la amplitud que permite cubrir la Metodología de Proyectos, se logró articular simultáneamente OA, OAT y OA(*ep*) en distintas tareas, actividades y evaluaciones proyectadas como Comunidad Educativa a nivel de Proyecto Pedagógico – Curricular y su posterior concreción en la Programación de Grupo-Curso.

El tratamiento articulado y simultáneo de OA, OAT y OA(*ep*) en tareas, actividades y evaluaciones, junto con armonizar con las exigencias que plantea la Cobertura Curricular, favoreció considerablemente la Presencia, Participación, Interacciones y Desempeño de Roles de las y los estudiantes en diversos Contextos Socio-comunitarios con sus particulares dinámicas y grupos humanos intervinientes.

Esto, impactó favorablemente en sus aprendizajes, no sólo en los de las y los estudiantes beneficiarias/os del Programa de Integración Escolar (PIE), sino que se expandió también a las y los estudiantes típicos; reflejándose reveladoramente en el incremento de sus Niveles de Funcionamiento Individual.

Son precisamente hallazgos como estos, devenidos de la propia experiencia, que nos permiten inferir la viabilidad, siempre desde la complementariedad, de enriquecer el Currículo con OA(*ep*) que resulten prioritarios de trabajar para favorecer el Acceso, la Permanencia, el Progreso y el Egreso de las y los estudiantes, sin necesidad de implementar y gestionar Programas Alternativos o Paralelos a los Programas de Estudio que define el Currículo de la Educación General en todos sus Niveles Educativos.

Como aditamento a lo ya reseñado sobre el carácter multidimensional de esta propuesta de Progresiones de OA(*ep*) y sus Indicadores de Logro, seguidamente y de manera sucinta, se analizan tres Modelos reconocidos internacionalmente que sustentan sus propuestas desde un Enfoque Multidimensional para asegurar la Sistematicidad de Abordajes Holísticos.

- **Tres Modelos y un mismo Enfoque: Aportaciones en la Concepción Multidimensional de las Progresiones de OA(*ep*) para una Consecución Sistematizada de Abordajes Holísticos**

La primera propuesta, proviene de la Organización Mundial de la Salud (OMS), a través de la Clasificación del Funcionamiento, de la Discapacidad y la Salud (CIF), así como también de la versión CIF para la Infancia y la Adolescencia (CIF-IA) en complementariedad con la Clasificación Internacional de Enfermedades (CIE-10) donde se reconoce la necesidad de integrar distintas Dimensiones del Funcionamiento Humano desde un enfoque 'biopsicosocial' que otorgue coherencia a los planos 'biológico, individual y social'.

En ese contexto, se presta atención al **Modelo Social de la Discapacidad**, entendiendo la 'discapacidad' como un fenómeno de origen social y fundamentalmente un asunto cuyo foco de atención, se sitúa en la integración social.

Al respecto, declara:

"La discapacidad, no es un atributo de la persona, sino un complicado conjunto de condiciones, muchas de las cuales son creadas por el contexto/entorno social. Por lo tanto, el manejo del problema requiere la actuación social y es responsabilidad colectiva de la sociedad hacer las modificaciones ambientales necesarias para la participación plena de las personas con discapacidades en todas las áreas de la vida social" [17].

En el contexto de la CIF, 2001, la OMS advierte que este documento se organiza por dominios de la salud y otros relacionados con ella, indicando que los mismos están descritos desde la perspectiva corporal individual y mediante dos listados básicos: (1) Funciones y Estructuras Corporales y (2) Actividades - Participación.

---

17 *Ibidem 2 (1). Págs. 41 - 44.*

Aquí, se puntualiza que por 'dominio' se entiende:

"... conjunto relevante, y práctico de funciones fisiológicas, estructuras anatómicas, acciones, tareas o áreas de la vida relacionadas entre sí" [18].

En la matriz de información, la OMS incorpora Dominios y sus Calificadores: (1) Desempeño / Realización y (2) Capacidad.

Seguidamente, se describen sintéticamente los Dominios[19] vinculados específicamente con las **Actividades y la Participación**:

1) ***Aprendizaje y aplicación de conocimientos:*** *Se subdivide en:*

   Experiencias sensoriales intencionadas – Ej.: Mirar, Escuchar, otras experiencias intencionadas, especificadas y no especificadas

   Aprendizaje Básico – Ej.: Copiar, Repetir, Aprender a leer, Aprender a escribir, Aprender a calcular, Adquisición de habilidades, Aprendizaje básico, otro especificado y no especificado

   Aplicación del conocimiento – Ej.: Centrar la atención (sugiero eliminar, es un estado de la psiquis), Pensar, Leer, Escribir, Calcular, Resolver problemas, Tomar decisiones, etc.

2) ***Tareas y demandas generales:*** *Ej.: Llevar a cabo una única tarea, Llevar a cabo múltiples, tareas, Llevar a cabo rutinas diarias, Manejo del estrés y otras demandas psicológicas*

3) ***Comunicación:*** *Se subdivide en:*

   Comunicación – recepción – Ej.: Comunicación-recepción de mensajes hablados, Comunicación-recepción de mensajes no verbales, Comunicación-recepción de mensajes en lenguaje de signos convencional, Comunicación-recepción de mensajes escritos

---

18 Ibidem 1(2).
19 Ibidem 1(2).

41

Comunicación-producción – *Ej.: Hablar, Producción de mensajes no verbales, Producción de mensajes en lenguaje de signos convencionales, Mensajes escritos*

Conversación y utilización de aparatos y técnicas de comunicación de comunicación – *Ej.: Conversación, Discusión, Utilización de dispositivos y técnicas de comunicación, otros.*

4) **Movilidad:** *Se subdivide en:*

Cambiar y mantener la posición del cuerpo – *Ej.: Cambiar las posturas corporales, básicas, Mantener la posición del cuerpo, "Transferir el propio cuerpo"*

Llevar, mover y usar objetos – *Ej.: Levantar y llevar objetos, Mover objetos con las extremidades inferiores, Uso fino de la mano, Uso de la mano y el brazo*

Andar y moverse – *Ej.: Andar, Desplazarse por el entorno, Desplazarse por distintos, lugares, Desplazarse utilizando algún tipo de equipamiento*

Desplazarse utilizando medios de transporte – *Ej.: Utilización de medios de transporte, Conducción, Montar animales como medio de transporte*

5) **Autocuidado:** *Ej.: Lavarse, Cuidado de partes del cuerpo, Higiene personal relacionada con los procesos de excreción, Vestirse, Comer, Beber, Cuidado de la propia salud, etc.*

6) **Vida doméstica:** *Se subdivide en:*

Adquisición de lo necesario para vivir – *Ej.: Adquisición de un lugar para vivir, etc.*

Tareas del hogar – *Ej.: Preparar comidas, Realizar los quehaceres de la casa, etc.*

Cuidado de los objetos del hogar y ayudar a los demás – *Ej.: Cuidado de los objetos del hogar, Ayudar a los demás, etc.*

7) **Interacciones y relaciones interpersonales:** *Se subdivide en:*

Interacciones interpersonales generales – *Ej.: Interacciones interpersonales básicas, Interacciones interpersonales complejas, etc.*

Interacciones interpersonales particulares – *Ej.: Relacionarse con extraños, Relaciones formales, Relaciones sociales informales, Relaciones familiares, Relaciones íntimas, Relaciones interpersonales particulares, etc.*

8) **Áreas principales de la vida:** *Se subdivide en:*

Educación – *Ej.: Educación no reglada, Educación preescolar, Educación escolar, Formación profesional, Educación superior, etc.*

Trabajo y empleo – *Ej.: Aprendizaje (preparación para el trabajo), Conseguir, mantener y finalizar un trabajo, Trabajo remunerado, Trabajo no remunerado, etc.*

Vida económica – *Ej.: Transacciones económicas básicas, Transacciones económicas complejas, Autosuficiencia económica, etc.*

9) **Vida comunitaria, social y cívica:** *Ej.: Vida comunitaria, Tiempo libre y ocio, Religión y espiritualidad, Derechos humanos, Vida política y ciudadanía, etc.*

Desde la perspectiva de la OMS, el calificador Desempeño/Realización permite conocer el nivel de dominio que manifiesta un sujeto respecto de lo que puede hacer y de qué manera se involucra en las actividades y dinámicas vitales que ocurren en los diferentes entornos donde vive y se desenvuelve, prestando atención a facilitadores / barreras de acceso (físicas, sociales y actitudinales).

Por su parte, e calificador Capacidad, describe las aptitudes de la persona para cumplir con la realización de tareas y actividades.

A partir de esa proposición, se espera conocer el nivel de 'Funcionamiento Individual'[20] que logra la persona en cada uno de los dominios indicados y sobre esa base, movilizar los recursos y los apoyos necesarios para favorecer sus desempeños, interacciones y participaciones en diversas actividades de la vida, entendiendo que la discapacidad es: *"... un término que engloba deficiencias, limitaciones de la actividad y restricciones en la participación"*[21].

Siguiendo con la CIF, interesa precisar que entre sus propósitos, se concibe como una herramienta educativa que aporta, con sus contenidos e indicaciones, al diseño de los currículos y de esa forma, contribuye a la concientización por parte de las sociedades para desarrollar políticas, programas y prácticas que aseguren la Salud Física y Mental de sus integrantes.

Todo esto, planteado desde un enfoque holístico e integral que además se enmarca en el modelo biopsicosocial y espiritual; sugiriéndose abordajes multidisciplinarios centrados en la persona.

De ahí, que a través de estos instrumentos, la OMS busque promover la superación de enfoques tradicionales centrados en la 'enfermedad o el déficit', para prestar atención a la promoción de apoyos y facilitadores orientados a mejorar el Funcionamiento Individual.

En ese sentido, se prepondera lograr equilibrios en el 'Funcionamiento Humano' el que bajo las influencias e interacciones dinámicas que constantemente se suscitan entre Factores Contextuales (Ambiente – Cultura) y Factores Personales (Estructuras – Funciones Corporales y Actividades y Participación), va a definir la calidad del estado de salud y la posibilidad de desempeñarse, participar e interactuar en entornos sin barreras.

---

20 *Nota de los Autores: En CIF-IA (2011), la OMS aclara que el 'funcionamiento', se entiende como "... un término global, que hace referencia a todas las Funciones Corporales, Actividades y Participación". Pág. 3.*
21 *Ibidem 1(1). Pág. 23.*

En el caso de la CIF-IA (2011), la OMS centrándose en los componentes de la salud y aquellos relacionados con ella que aseguran bienestar, aclara que estos contemplan funciones mentales como la memoria y la percepción, así como también actividades relacionadas con el juego, el aprendizaje, la vida familiar y la educación, preservando los mismos Dominios que comparte la CIF.

La segunda propuesta, es el **Modelo Multidimensional del Funcionamiento Humano** propuesto por la Asociación Americana de Discapacidades Intelectuales y del Desarrollo (AAIDD); institución de renombre mundial que desde principios de los años 90, refuerza sus argumentaciones sobre la naturaleza multidimensional inherente a la Dimensión denominada Conducta Adaptativa.

Es así que en su 9° Edición (1992)[22], adopta un enfoque Multidimensional que como explica Verdugo, M. A. (1994)[23], permitirá ampliar la conceptualización de la discapacidad intelectual, evitando de esa forma, el predominio del Coeficiente Intelectual a través de la Dimensión (1) *Funcionamiento Intelectual y Habilidades Adaptativas* para dar paso a una postura más holística que reconoce otras Dimensiones como: (2) *Consideraciones Psicológicas / Emocionales*, (3) *Consideraciones Físicas / Salud / Etiológicas*, (4) *Consideraciones Ambientales*.

Así, las Necesidades de Apoyo, adquieren un carácter Multidimensional, llamando la atención sobre la necesidad de considerar los cambios que se van produciendo a lo largo del ciclo vital debido a requerimientos contextuales y a las propias intervenciones multidisciplinares que adoptan una concepción ecológica o socio-ecológica.

---

22 *Verdugo, M.A. (1994): El Cambio de Paradigma en la Concepción del Retraso Mental: La Nueva Definición de la AAME. Capítulo 11 sobre "Personas con retraso mental" y parte del capítulo 12 sobre "Evaluación y tratamiento en el retraso mental" del libro Personas con discapacidad. En la perspectiva del Siglo XXI. Revista SIGLO CERO. Pág. 18 - 19.*
23 *Luckasson, R., Coulte, D.L., Polloway, E.A., Reiss, S., Schalock, R.L., Snell, M.E., Spitalnik, D.M. y Stark, J.A. (1992): Mental Retardation: Definition, Classification, and systems of supports. Washington, D.C.*

En ese contexto, los 'Apoyos', entendidos como 'recursos y estrategias' para favorecer el desarrollo integral, la educación, la salud, el funcionamiento autónomo, etc., son asumidos como eje de mediación para lograr equilibrios entre la persona (factores personales) y las exigencias del entorno (factores ambientales y culturales) cuyos resultados, se verán reflejados en el mejoramiento del Funcionamiento Individual.

Así, en consideración del Perfil de Necesidades Multidimensionales de Apoyo que manifiesta un sujeto, se definirán los tipos de apoyo y su intensidad.

En el marco de la 10° Edición (2002), se realiza una actualización de la definición y clasificación de la edición de 1992; entregándose mejoras y reforzando la idea de la conceptualización socio-ecológica de la discapacidad intelectual, entendiéndola como funcional y contextual.

A partir de esta conceptualización, se produce una sincronización entre lo propuesto por la OMS (2001) y la AARM (actualmente AAIDD); reconociéndose la discapacidad como expresión de limitaciones del Funcionamiento Individual en contextos sociales, lo que podría interferir o restringir su accesibilidad, participaciones, interacciones y desempeño de roles sociales.

Por otra parte, tal y como lo señala Schalock, L.R. y otros (2007)[24], se deja atrás la concepción de la 'discapacidad' como un rasgo invariable o atributo estático para comprenderla como un constructo socio-ecológico de carácter dinámico, interactivo e integral, con foco en la provisión de apoyos individualizados conducentes a mejorar el Funcionamiento Individual, Protección y Defensa de los Derechos Humanos, la Calidad de Vida, etc.

---

24 Schalock, R.L., Luckasson, R., Shogren, A.K., Sharon A. Borthwick-Duffy pitalnik, Bradley, V., Will, H.E., Buntix, L.D., Coulter, L.D., Ellis, C.E., Sharon, G.C., Lachapelle, Y., Reeve, A., Snell, E.M., Spreat, S., Tassé, J.M., Thompson, R.J., Verdugo, M.A., Wehmeyer, L.M. y Yeager, H.M. (2007): El Nuevo Nombre del Retraso Mental: Comprendiendo el Cambio al Término Discapacidad Intelectual. Revista SIGLO CERO, 38(4). Págs. 2- 4.

Siguiendo a Schalock, L.R. y Verdugo, M.A. (2010), en la 11° Edición (2010)[25]: Definición, Clasificación y Sistemas de Apoyos, se comprenden como componentes las Dimensiones siguientes:

1) **Habilidades Intelectuales**[26]**:** *capacidad mental general que incluye razonamiento, planificación, solución de problemas, pensamiento abstracto, comprensión de ideas complejas, aprender con rapidez y aprender de la experiencia.*

2) **Conducta Adaptativa:** *conjunto de habilidades conceptuales, sociales y prácticas que se han aprendido y se practican por las personas en su vida cotidiana.*

3) **Salud:** *un estado de completo bienestar físico, mental y social.*

4) **Participación:** *el desempeño de la persona en actividades reales en ámbitos de la vida social que se relaciona con su funcionamiento en la sociedad; la participación se refiere a los roles e interacciones en el hogar, trabajo, ocio, vida espiritual, y actividades culturales.*

5) **Contexto:** *las condiciones interrelacionadas en las que viven las personas su vida cotidiana; el contexto incluye factores ambientales (por ejemplo, físico, social, actitudinal) y personales (por ejemplo, motivación, estilos de afrontamiento, estilos de aprendizaje, estilos de vida) que representan el ambiente completo de la vida de un individuo."* [27]

Un tercer y último referente, es el **Modelo Operativo de Calidad de Vida** propuesto por Schalock, L.R y Verdugo, M.A. (2002 – 2003)[28].

---

25 Ibidem 17.
26 Nota de los Autores: Las habilidades son consideradas en esta obra, Acciones y Operaciones que se implementan en la Resolución de Problemas y en la Progresión de Aprendizajes. A su vez, en la Progresión de Aprendizajes estas devienen en capacidades para el desarrollo de nuevas habilidades.
27 Schalock, L.R. y Verdugo, M.A. (2010): Últimos avances en el enfoque y concepción de las personas con discapacidad intelectual. Changes in the Understing and Approach to Persons with Intellectual Disability. Revista Siglo Cero, VoL. 41 (4), Núm. 236. Pág. 21.
28 Schalock, L.R. y Verdugo, M.A. (2002 - 2003). Quality of life for human service practitioners. Washington, DC: American Association on Mental Retardation. Traducido al Castellano por Verdugo, M.A. y Jenaro, C. Calidad de vida. Manual para profesionales de la educación, salud y servicios sociales. Madrid: Alianza Editorial.

Si bien la Calidad de Vida se ha venido estudiando desde hace décadas, lo cierto es que los últimos 40 años han sido claves para la concepción de un nuevo paradigma como consecuencia de avances experimentados fundamentalmente en el ámbito social y también como resultado de investigaciones que han otorgado a este concepto un enfoque multidimensional y socio-ecológico.

La OMS por ejemplo, define Calidad de Vida como:

"La percepción del individuo sobre su posición en la vida dentro del contexto cultural y el sistema de valores en el que vive y con respecto a sus metas, expectativas, normas y preocupaciones. Es un concepto extenso y complejo que engloba la salud física, el estado psicológico, el nivel de independencia, las relaciones sociales, las creencias personales y la relación con las características sobresalientes del entorno" [29].

Esta misma institución, estima que los resultados de la evaluación de la Calidad de Vida, pueden contribuir a investigar los beneficios comparativos y efectos de la aplicación de intervenciones y métodos terapéuticos.

Lo anterior, refuerza la idea que Calidad de Vida engloba un bienestar general tanto objetivo como subjetivo; considerándose diversas Dimensiones que forman parte de la vida de cualquier persona (típica o en situación de discapacidad) y que se estiman de vital importancia, según el momento socio-histórico-cultural, en permanente sujeción a los Derechos Humanos.

Es en concordancia con lo previamente señalado, que el concepto de Calidad de Vida ha ido tomando cada vez más fuerza en el diseño y la gestión de programas y de servicios relacionados con la atención de personas en situación de discapacidad, destacando las investigaciones y publicaciones de Schalock, L.R., Gardner, J.F., Bradley, V.J., Verdugo, M.A., Jenaro, C., Wehmeyer, M., Lachapelle, Y., Bonham, G.S., Fantova, F., Van Loon, J., Gómez, E.L., Arias, B.; entre otros.

---

29 *Organización Mundial de la Salud (1998): Promoción de la Salud. Glosario. Ginebra, Suiza. Pág. 28.*

Gracias a este enfoque multidimensional con que actualmente se aborda la Calidad de Vida y a propósito de las Dimensiones propuestas por Schalock, L.R (1996 – 1997)[30], surge y se consolida un nuevo paradigma, expresado en el Modelo Operativo de Calidad de Vida (Schalock, L.R y Verdugo, M.A. (2002 – 2003)[31].

De acuerdo con Schalock, L.R y Verdugo, M.A. (2007 en prensa), la Calidad de Vida se entiende como:

"Un estado deseado de bienestar personal compuesto por varias dimensiones centrales que están influenciadas por factores personales y ambientales. Estas dimensiones centrales son iguales para todas las personas, pero pueden variar individualmente en la importancia y valor que se les atribuye. La evaluación de las dimensiones está basada en indicadores que son sensibles a la cultura y al contexto en que se aplica"[32].

De acuerdo con los planteamientos de Verdugo, M.A. y otros (2013)[33], la Calidad de Vida en el universo de personas en situación de discapacidad, pasó de ser un término sensibilizador para asumirse como un constructo social orientado a mejorar las políticas, los programas y las prácticas en materia de inclusión.

Este nuevo modelo de Calidad de Vida, encuentra fundamentos en ocho Dimensiones centrales propuestas por Schalock, L.R. y Verdugo, M.A. (2002)[34]:

---

30 (1) Schalock, R.L. (1996): Quality of life. Vol. 1: Its conceptualization, measurement and use. Washington, D.C.: American Association on Mental Retardation.
(2) Schalock, R.L. (1997): Quality of life. Vol. II: Application to persons with disabilities. Washington, D.C.: American Association on Mental Retardation.
31 Schalock, L.R. y Verdugo, M.A. (2002 - 2003). Quality of life for human service practitioners. Washington, DC: American Association on Mental Retardation. Traducido al Castellano por Verdugo, M.A. y Jenaro, C. Calidad de vida. Manual para profesionales de la educación, salud y servicios sociales. Madrid: Alianza Editorial.
32 Schalock, L.R. y Verdugo, M.A. (2007): El concepto de calidad de vida en los servicios y apoyos para personas con discapacidad intelectual. Revista Siglo Cero, Vol. 38 (4), Nº 224. Págs. 21 - 36.
33 Verdugo, M.A., Schalock, L.R., Arias, B., Gómez, E.L., Urríes, B.J. (2013) en Verdugo, M.A. y Schalock, R.L. (2013): Discapacidad e Inclusión. Capítulo 19 Calidad de Vida. Salamanca: Amarú. Pág. 446.
34 Schalock, R.L. y Verdugo, M.A. (2002). The concept of quality of life in human services: A handbook for human service practitioners.Washington, DC: American Association on

1) **Bienestar Emocional (BE):** *Hace referencia a sentirse tranquilo, seguro, sin agobios, no estar nervioso. Se evalúa mediante los indicadores: Satisfacción, Auto-concepto y Ausencia de estrés o sentimientos negativos.*

2) **Relaciones Interpersonales (RI):** *Relacionarse con distintas personas, tener amigos y llevarse bien con la gente (vecinos, compañeros, etc.). Se mide con los siguientes indicadores: Relaciones Sociales, Tener amigos claramente identificados, Relaciones familiares, Contactos sociales positivos y gratificantes, Relaciones de pareja y Sexualidad.*

3) **Bienestar Material (BM):** *Tener suficiente dinero para comprar lo que se necesita y se desea tener, tener una vivienda y lugar de trabajo adecuados. Los indicadores evaluados son: Vivienda, Lugar de trabajo, Salario (Pensión, Ingresos), Posesiones (bienes materiales), Ahorros (o posibilidad de acceder a caprichos).*

4) **Desarrollo Personal (DP):** *Se refiere a la posibilidad de aprender distintas cosas, tener conocimientos y realizarse personalmente. Se mide con los indicadores: Limitaciones/capacidades, Acceso a nuevas Tecnologías, Oportunidades de aprendizaje, Habilidades relacionadas con el trabajo (u otras actividades) y Habilidades funcionales (competencia personal, conducta adaptativa, comunicación).*

5) **Bienestar Físico (BF):** *Tener buena salud, sentirse en buena forma física, tener hábitos de alimentación saludables. Incluye los indicadores: Atención Sanitaria, Sueño, Salud y sus alteraciones, Actividades de la vida diaria, Acceso a ayudas técnicas y Alimentación.*

6) **Autodeterminación (AU):** *Decidir por sí mismo y tener oportunidad de elegir las cosas que quiere, cómo quiere que sea su vida, su trabajo, su tiempo libre, el lugar donde vive, las personas*

Mental Retardation. [Calidad de vida. Manual para profesionales de la educación, salud y servicios sociales. Traducido al Castellano por Miguel Ángel Verdugo y Cristina Jenaro. Alianza Editorial 2003.

con las que está. Los indicadores con los que se evalúa son: Metas y Preferencias Personales, Decisiones, Autonomía y Elecciones.

7) **Inclusión Social (IS):** *Ir a lugares de la ciudad o del barrio donde van otras personas y participar en sus actividades como uno más. Sentirse miembro de la sociedad, sentirse integrado, contar con el apoyo de otras personas. Evaluado por los indicadores: Integración, Participación, Accesibilidad y Apoyos.*

8) **Derechos (DE):** *Ser considerado igual que el resto de la gente, que le traten igual, que respeten su forma de ser, opiniones, deseos, intimidad, derechos. Los indicadores utilizados para evaluar esta dimensión son: Intimidad, Respeto, Conocimiento y Ejercicio de derechos.*

Tomando en cuenta las Dimensiones que incorpora este constructo y su relevancia para la vida, comprendemos que constituye una valioso referente para el diseño e implementación de políticas, programas y prácticas orientadas a asegurar 'una buena vida', favoreciendo el acceso por derecho, a oportunidades que contribuyan al fortalecimiento del Funcionamiento Autónomo, el Desarrollo y el Bienestar Integral y en general, al mejoramiento gradual de la Calidad de Vida tanto del sujeto como también de su familia.

Siguiendo la estructura del modelo de Calidad de Vida propuesto por Schalock, L.R. y Verdugo, M.A. (2002 – 2003)[35], se observa cómo las Dimensiones propuestas se operativizan a través de Indicadores Centrales. Todo esto, mediante la provisión de Apoyos Individualizados y prácticas con sustento en la evidencia.

La operatividad de este modelo, le otorga pluralismo metodológico (cualitativo – cuantitativo), incorporando indicadores de carácter objetivo y también subjetivo; planteándose desde una postura socio-ecológica que considera factores personales y ambientales, así como también las interacciones que se producen entre ambas variables.

---

35 Ibidem 23.

Luego de revisar estos tres modelos, queda a la vista que tanto la identificación como el ordenamiento dado a las Dimensiones y las Sub-dimensiones que engloban las Progresiones de OA(ep) y sus Indicadores de Logro, guardan similitudes y manifiestan cierta concordancia respecto de las Dimensiones contempladas y los ámbitos que se pretenden cubrir.

Los modelos expuestos, tienen en común comprender a la persona en desarrollo en sus múltiples manifestaciones individuales dentro de contextos sociales, que serán facilitadores de sus relaciones interpersonales en la búsqueda de la vida autónoma.

Tener presente, que si bien estos tres modelos están directamente relacionados con la Salud y la Discapacidad, también se vinculan al Desarrollo Humano en general, contribuyendo a la definición y al fortalecimiento de políticas, de programas y de prácticas que aseguran la eliminación de barreras de acceso, sean físicas, actitudinales, de comunicación, metodológicas, etc. y desde ahí, favorecer la activa participación de TODAS las personas en los distintos ámbitos de la sociedad como vía para alcanzar la plena inclusión social.

De lo previamente señalado, recalcar que las Progresiones de OA(ep) y sus Indicadores de Logro, han sido concebidas para ser usadas con la diversidad humana, advirtiendo sobre su utilidad tanto en el trabajo con personas típicas como personas en situación de discapacidad; advirtiéndose que la denominación que mejor se ajusta a la postura de los autores sería: **Personas que Manifiestan Perfiles de Necesidades Multidimensionales de Apoyo**.

Todo ello, gracias a la extensión que en términos de Desarrollo Humano se podrá cubrir a través de las Dimensiones y las Sub-dimensiones consideradas y también por el ordenamiento progresivo con que se plantean los OA(ep); pudiéndose trabajar con personas de diferentes edades y en distintas etapas del ciclo vital.

- ## Educación Formal o Reglada y Currículo Prescrito: Tensiones, Desafíos y Oportunidades para hacer frente a las Demandas del Siglo XXI

Resulta incuestionable la vertiginosidad de las transformaciones que experimenta el mundo actual en la llamada *'Era del Conocimiento'*, la cual ha potenciado el desarrollo de la Digitalización y de la Inteligencia Artificial (IA); palpándose cómo esa conversión, incide en todos los ámbitos de la sociedad, incluyendo ciertamente, en la Educación y particularmente en los aprendizajes que resultan indefectibles de enseñar y de aprender para saber enfrentar nuevos desafíos y a su vez, aprovechar las oportunidades que van emergiendo.

Por décadas, se han venido desarrollando evaluaciones, investigaciones, encuentros, etc., conducentes a definir/redefinir el 'qué', el 'por qué' y el 'para qué' del Currículo, como trazado prescriptivo de aprendizajes esperables que cubren toda la trayectoria educativa.

Desde esa mirada, interesa llamar la atención en las tensiones que se producen entre dos de las funciones claves de la Educación. Por un lado, el traspaso del acervo cultural entre generaciones y por otra parte, la necesidad de mantener actualizados sus currículos acorde a los cambios que se van produciendo.

En esa misma línea, es evidente que la Educación está influenciada por visiones, posturas, concepciones, etc., a partir de las cuales, se expresarán sus fines en un Currículo definido sobre la base de procesos que implican selección y organización; revelándose dónde han sido puestos los énfasis y de qué forma, se van a contrapesar en su implementación y gestión las concepciones disciplinar, actitudinal y práctica.

La calidad, pertinencia y significado del currículo, dependerá en gran medida de los equilibrios que se logren entre actitudes, conocimientos y habilidades, compartiendo con lo señalado por Deng, Z. y Luke, A. (2008)[36]:

"La selección y organización de la materia es uno de los momentos más básicos, ubicuos y centrales de la formación curricular".

Esto, porque su efectividad en términos de Pertinencia, Significación, Aplicabilidad y Utilidad, va a estar sujeta a la posibilidad de llevar a cabo Transferencias que aseguren la Generalización de esos aprendizajes a situaciones, actividades, dinámicas, contextos, grupos humanos y acciones propias de la vida cotidiana.

A propósito de las tensiones que se producen al momento de establecer los cometidos anteriormente mencionados, en términos de selección y de organización por prioridad de aprendizajes que formarán parte de los Programas de Estudio, quedan a la luz las implicancias que en su función reproductora, trae consigo la acelerada actualización del conocimiento.

Basta rememorar que antes de 1900, se necesitaban 100 años para actualizar el conocimiento de la humanidad y desde 2010 hasta la fecha, este proceso se ha reducido a poco más de 1 año; estimándose que estos lapsos de tiempo se irán acortando cada vez más.

Siguiendo la idea anterior, imaginemos que el Currículo Prescrito ordenado en los distintos Programas de Estudio, es una canasta en la que se incorporan Aprendizajes Esperables cuidadosamente seleccionados y organizados.

A partir de esa analogía, surgen estas dos interrogantes:

¿Hasta qué punto podrá la canasta soportar sucesivas incorporaciones, si se obvia mantener el peso apropiado para evitar sobrecarga?

---

36 Deng, Z. y Luke, A. (2008): Chapter 5 - Subject Matter: Defining and Theorizing School Subjects. Págs. 4 – 5 – 23.

¿No sería más prudente mantener balanceada la carga, encontrando puntos de equilibrio entre incorporaciones y extracciones?

Sin lugar a dudas, la función de asegurar la continuidad reproductora para salvar el traspaso del acervo cultural de la humanidad en lo global y local entre generaciones, enfrenta este dilema.

De ahí, el persistente debate devenido de críticas frente a la sobresaturación de las matrices curriculares, la que en gran medida, actúa como barrera al momento de garantizar la transferencia de los aprendizajes a situaciones cotidianas, ocasionando con frecuencia, enrevesados efectos en su accionar, dada su condición de Proyecto Permanente.

Al hablar de calidad en Educación, concordamos con Stabback, P. (2016)[37] cuando señala:

"Algunos indicadores útiles de un plan de estudios de calidad, tienen que ver con su relevancia, coherencia, practicidad, efectividad y sostenibilidad ..."

Por otra parte, la indetenible función renovadora de la Educación por mantener actualizado el conocimiento en correspondencia con las transformaciones y los avances que en todo ámbito experimentan las sociedades y los individuos que las conforman, también influye a la hora de construir Programas de Estudio de Calidad, capaces de acortar los tiempos a la hora de agregar balanceadamente nuevos conocimientos desarrollados y su incorporación a los procesos de Enseñanza y de Aprendizaje.

En paralelo a lo anterior, se hace cada vez más necesario producir quiebres que inspirados y orientados en favorecer mayores niveles de Equidad y de Inclusión permitan, para avanzar en su renovación, remover la inercia que se tiende a dar en su función reproductora.

---

37 *Philip Stabback (2016): What Makes a Quality Curriculum? Current and Critical Issues in Curriculum and Learning. UNESCO – IBE. Pág. 7.*

Como consecuencia de esas tensiones, surgen importantes desafíos que necesariamente habrá que encarar y en ese sentido, concordamos con lo que indica Scott. L.C. (2015)[38] frente a interrogantes sobre las Pedagogías atinentes en el Siglo XXI:

"Replantearse la pedagogía para el siglo XXI es tan indispensable como identificar las nuevas competencias que las y los estudiantes de hoy en día necesitan desarrollar. Los enfoques tradicionales, que hacen hincapié en la memorización o en la aplicación de procedimientos simples, no fomentarán la destreza del estudiantado en pensamiento crítico ni su autonomía".

Dado el carácter complementario que identifica a las Progresiones de OA(*ep*) y sus Indicadores de Logro en relación al Marco Curricular y a las propias Bases Curriculares de los distintos Niveles Educativos como principales referentes, su aplicación podría generar nuevas oportunidades de Acceso al Aprendizaje y la Participación bajo el alero de los Principios del DUA y en caso necesario, de los Criterios de Adecuación Curricular.

Lo precedentemente señalado, se alinea con la esencia misma de la Diversificación de la Enseñanza que de acuerdo con el Ministerio de Educación de Chile, representa: *"… una oportunidad para que todos los estudiantes participen, desarrollen sus capacidades y aprendan y, a la vez, una oportunidad de desarrollo profesional para los docentes y la comunidad escolar"*[39].

Tomando en cuenta lo antes señalado, se considera que las Progresiones de OA(*ep*) y sus Indicadores de Logro, podrían asomar como oportunidades por cuanto encuentran apropiado empalme, considerando que los énfasis están puestos en potenciar el Funcionamiento Individual en variados contextos socio-comunitarios, con el Desarrollo Integral y el mejoramiento de la Calidad de Vida de las y los estudiantes, a través de la Integración Curricular con

---

38 *Scott, L.C. (2015): El Futuro del Aprendizaje 3. ¿Qué tipo de Pedagogías se necesitan para el Siglo XXI? Documentos de Trabajo N° 15. Pág. 2.*
39 *Información extraída de la página web del Ministerio de Educación de Chile:*
https://escolar.mineduc.cl/apoyo-la-trayectoria-educactiva/diversificacion-la-ensenanza/

respaldo de la Gestión Pedagógica Colaborativa conducente al Aprendizaje Cooperado.

En efecto, la generación de articulaciones simultáneas entre OA, OAT y OA(ep) en tareas, actividades y evaluaciones, podría resultar una vía más en la generación de oportunidades para:

1) Innovar en el diseño de propuestas pedagógicas atractivas y motivantes, que respondan y se ajusten a los intereses y las expectativas del alumnado, estableciendo y fortaleciendo conexiones entre el currículo y una amplia gama de oportunidades para enseñar y aprender disponibles en el contexto comunitario. Por ejemplo, grupos humanos, lugares, recursos, fenómenos, dinámicas, actividades, redes, etc.; reconociéndose y aprovechándose instancias de Educación no formal e informal.

   De esa manera, se propicia que las y los estudiantes vivan experiencias significativas en entornos de su localidad y dispongan de oportunidades para poner a prueba y descubrir la utilidad de los aprendizajes desarrollados en nuevas situaciones, dinámicas y actividades de la vida diaria.
   En síntesis, un currículo proyectado desde la vida y orientado a concretarse plenamente en ella.
   A esto se apela cuando se puntualiza sobre la necesidad de incorporar a cada tarea, actividad y evaluación los atributos del enfoque Ecológico – Funcional.

2) Favorecer el acceso, la permanencia y el progreso de todo el alumnado por trayectorias educativas flexibles con base en el Diseño Universal (DU), el Diseño Universal de Aprendizaje (DUA) y en los casos que sea requisitorio, mediante la aplicación de Criterios de Adecuaciones Curriculares Individualizadas, siguiendo por ejemplo, el ordenamiento lógico de los Niveles de Concreción o de Gestión Curricular que promueve el Ministerio de Educación de Chile[40].

---

40 *Ministerio de Educación (2017): Orientaciones sobre Estrategias Diversificadas de Enseñanza para Educación Básica en el marco del Decreto N° 83/2015. División de Educación General. Unidad de Educación Especial.*

3) Fortalecer la Diversificación de la Enseñanza, en función del Perfil de Necesidades Multidimensionales de Apoyo que manifiesta cada estudiante, sin que esto interfiera o afecte su permanencia, progreso y egreso en igualdad de condiciones que el resto del alumnado.

4) Priorizar las Participaciones, las Interacciones y los Desempeños de Roles Socialmente valorados, teniendo en consideración los diferentes contextos Socio-comunitarios y Grupos Humanos que forman parte de la vida cotidiana de las y los estudiantes.

5) Generar condiciones para consolidar la Gestión Pedagógica Colaborativa orientada a favorecer el Aprendizaje Cooperado. Colaborar para mejorar la calidad de la enseñanza y los resultados de aprendizaje.

6) Considerar en la planificación e implementación del currículo, el uso de lineamientos estratégicos provenientes de la pedagogía activa, aprendizaje basado en la comunidad, desarrollo de estrategias de alternancia, metodología de proyectos y aprendizaje basado en proyectos; entre otros.

En este contexto, se dan las condiciones idóneas para potenciar la creatividad y la innovación.

7) Potenciar el uso eficiente y responsable de las TICs, de las Tecnologías Móviles, así como también de las distintas Redes Sociales, entendidas como recursos y medios que contribuyen a desarrollar saberes para Aprender a Aprender, Aprender a Hacer, Aprender a Convivir y Aprender a Convertirse en el contexto de espacios virtuales.

8) Preponderar el desarrollo de habilidades metacognitivas, a través del despliegue de estrategias que aseguren, que las y los estudiantes tomen conciencia de sus potencialidades y necesidades de apoyo, de su real nivel de dominio de actitudes, conocimientos y habilidades, así como también de lo que desean y aún necesitan saber.

Con el refuerzo de la metacognición, se mejora el aprendizaje exitoso y se asegura que las y los estudiantes usen conocimientos previos para reflexionar, analizar, tomar decisiones, probar hipótesis, establecer metas convenientes, seleccionar y poner en práctica estrategias apropiadas, desarrollar, controlar y monitorear un plan para la resolución de problemas, evaluar sus desempeños, retroalimentar, autorregular eficientemente sus acciones, etc.

El uso sistemático de estrategias metacognitivas, contribuye a incrementar el repertorio de habilidades del alumnado y a fortalecer la autoconfianza; confiriéndoles crecientes niveles de autonomía.

9) Reconocer la necesidad connatural de los seres humanos de aprender continuamente y durante todo su ciclo vital, lo que va a exigir la creación de más y mejores oportunidades de Educación Permanente conducentes a incrementar los Niveles de Funcionamiento Individual, el Desarrollo Integral y el mejoramiento de la Calidad de Vida.

UNESCO – IBE (2016)[41] en respuesta a la pregunta: *"¿Qué hace que un plan de estudios sea de calidad?"*, enumeran una serie de criterios que teniendo en cuenta lo ya reseñado sobre las Progresiones de OA(*ep*), juzgamos provechoso de revisar:

1) ¿Hay objetivos claros para el plan de estudios?
2) ¿El plan de estudios está actualizado?
3) ¿Es relevante para las vidas, experiencias, entornos y aspiraciones actuales y futuras de los estudiantes?
4) ¿Crea un futuro próspero social y económicamente mientras respeta el pasado del país, su historia y tradiciones culturales?
5) ¿El plan de estudios es equitativo e inclusivo?
6) ¿El plan de estudios está centrado en el alumno y es amigable para el alumno?
7) ¿Evita sobrecargar a los alumnos?

---

41 Ibidem 7. Pág. 11.

8) ¿El plan de estudios es abierto y flexible, de modo que pueda abordar nuevos desafíos y oportunidades integrando temas nuevos / emergentes?

9) ¿El plan de estudios es coherente y consistente en las diferentes etapas educativas / calificaciones / cursos y áreas / materias de aprendizaje?

La proposición de considerar la incorporación de OA(*ep*) esenciales para dar respuesta a un amplio espectro de Necesidades de Apoyo, a través de interrelaciones armónicas con los OA y los OAT, responde precisamente a las interrogantes previamente citadas.

Es imposible imaginar una propuesta pedagógica pertinente, de calidad, equitativa e inclusiva si no responde y ni se ajusta a intereses, expectativas y necesidades de apoyo manifiestas por las y los estudiantes. De igual forma, resultaría estéril desarrollar acciones desconectadas de las dinámicas y de las propias transformaciones que acontecen local y globalmente.

La posibilidad de otorgar mayor significación a las experiencias de aprendizaje, pasa principalmente por la apertura y la flexibilidad que en términos metodológicos, se concedan a los propios Planes y Programas de Estudio, de modo que se logre asegurar que todas y todos accedan, en igualdad de condiciones que el resto del alumnado, a más y mejores oportunidades para participar, interactuar y desempeñar roles socialmente valorados, potenciando facilitadores y suprimiendo barreras.

Si bien reconocemos la relevancia que encierra una apropiada y balanceada selección y organización del qué enseñar y aprender, se insiste en resaltar que un buen currículo bien enseñado, donde existe una relación fluida entre la gestión curricular y la pedagógica, todo resultará mejor.

De la gestión curricular a la pedagógica y de ella, la factibilidad de enriquecer el currículo. La mejora curricular, tiene sus fundamentos en el proceso de enseñanza y de aprendizaje.

En el transcurso de esta sección, se han venido abordando intercaladamente tensiones, desafíos y también oportunidades concernientes a la Educación y en esa misma línea, se hacía referencia a las tensiones que en primer orden, atañen a dos de sus funciones claves: Reproducir y Actualizar, mientras que por otra parte, sobresale lo perentorio de innovar para avanzar hacia la concepción de propuestas curriculares balanceadas, capaces de equilibrar de manera razonable y realista una selección proporcionada de Objetivos de Aprendizaje cuyos contenidos, puedan ser trabajados durante determinado periodo de tiempo.

Esto, es factible siempre y cuando se dejen suficientes espacios para su efectiva asimilación por parte del alumnado y donde las prioridades, se sitúen en asegurar el Desarrollo Integral y el Mejoramiento Progresivo de la Calidad de Vida, bajo la mirada que el Contenido genera el Contexto para el cumplimiento de los Objetivos de Aprendizaje.

Con ello, se precisa que no necesariamente se deberán abordar todos los Contenidos, si se cumplen los Aprendizajes Esperados.

Otro de los desafíos a superar, es la propensión al abordaje fragmentado del currículo, lo que se da bajo una lógica de diseño curricular progresiva o lineal, de corte esencialmente academicista y marcada división entre las Áreas del Conocimiento, dejando limitados espacios para integrar de manera simultánea en una misma tarea, actividad y evaluación Objetivos de Aprendizaje de distintas Asignaturas (OA) como también, Objetivos de Aprendizaje Transversales (OAT).

Sin embargo, cuando se enfatiza en el logro de los Aprendizajes Esperados desde una mirada como Comunidad Educativa, buscando convergencias dentro del Proyecto Educativo Institucional y del Proyecto Pedagógico Curricular, se produce el efecto contrario, ya que los entretejidos de las Asignaturas, pasan a ser convergentes en la articulación de los Objetivos de Aprendizaje, lo que permite adoptar un sentido Global de Mediación y por sobre todo, garantizar articulaciones entre Cursos y Niveles Educativos.

Los Marcos Curriculares, deben conjugar los aprendizajes, develando claras tributaciones durante el proceso de enseñanza y de aprendizaje. Todo Programa de Estudio, encuentra su razón en la articulación y en la simultaneidad de la enseñanza y su progresión durante la trayectoria educativa.

Esto, como ha sido anteriormente reiterado, crea condiciones para argumentar a favor de la Gestión Pedagógica Colaborativa.

Para compartir un ejemplo de lo que NO debiese ocurrir, nos apoyaremos en una disertación observada durante el desarrollo de una clase de Matemática donde el estudiante mientras cumplía con su tarea, conjugó incorrectamente más de un verbo y en su presentación de Power Point, había un número importante de errores ortográficos e incluso, escritura en carro.

Para nuestra sorpresa, el profesor no realizó ningún tipo de corrección en ese sentido; limitándose exclusivamente a entregar sugerencias sobre los contenidos vinculados a su Asignatura.

Esas fisuras de origen, minimizan o anulan el rol que juega la Gestión Pedagógica Colaborativa, restan pertinencia y relevancia a los procesos de enseñanza y de aprendizaje y, actúan como verdaderas barreras, que fracturan y disgregan el desarrollo de los aprendizajes, pudiendo incidir en la Formación Integral de las y los estudiantes.

Hay un desafío que emerge como principal motivación de esta publicación seriada y reside, como se ha mencionado antes, en la tendiente saturación y por consiguiente, sobrecarga de contenido que con el paso del tiempo y particularmente en las dos últimas décadas, han venido experimentando las Matrices Curriculares de la Educación Formal.

Esta situación, no sólo genera inconvenientes en el desempeño de las y los profesionales para poder cumplir con las exigencias que plantea la Cobertura Curricular, sino que también afecta a las y los estudiantes a causa de la escalonada reducción de tiempos disponibles para propiciar la transferencia de los aprendizajes desarrollados a nuevos grupos humanos y contextos de participación social como vía para fortalecer la Generalización y consolidar la Autorregulación, descubriendo la aplicabilidad y la utilidad de los mismos en la cotidianeidad.

Ciertas personas, podrían argumentar que a través del principio de flexibilización indicado en la legislación vigente, las y los docentes cuentan con un porcentaje de tiempo de libre disposición; sin embargo, en la práctica sabemos que el problema persiste por el elevado volumen de aprendizajes prescritos que han sido incluidos dentro de los Programas de Estudio y por la extremada dedicación puesta en las Asignaturas sujetas a mediciones estandarizadas.

A lo anterior y pese a los cambios que se han venido impulsando en los últimos 30 años (Mineduc, 2012)[42], se agrega la propensión academicista del Currículo de la Educación General, el manifiesto abordaje dispar entre OA de algunas Asignaturas respecto de otras, así como también la tendencia de relegar a un segundo plano, la articulación entretejida que demandan los Objetivos de Aprendizaje Transversales (OAT).

Esto, nos lleva a reflexionar sobre la impostergable necesidad de otorgar cuotas crecientes de universalidad y flexibilización tanto a las Matrices Curriculares como a los Métodos de Enseñanza.

Siguiendo a Bellei, C. y a Morawietz, L. (2016), se reconoce que las Habilidades Cognitivas son ampliamente abordadas en el currículo prescrito, mientras que el tratamiento que se hace a las Habilidades Intrapersonales e Interpersonales, es desigual:

"... se favorecen las habilidades cognitivas, mientras que las competencias intrapersonal e interpersonales se posponen"[43].

---

42 *Ministerio de Educación. Unidad de Currículum y Evaluación (2012): Bases Curriculares Primero a Sexto Básico. Pág. 24.*
Nota: *A raíz de la puesta en vigencia de la Ley 20.370 General de Educación, el Ministerio de Educación incorpora nuevos conceptos y definiciones en las Bases Curriculares, resaltando los Objetivos de Aprendizaje (OA) como categoría de prescripción curricular que en su globalidad, incorporan actitudes, habilidades y conocimientos que permiten establecer los aprendizajes terminales que deberán aprender las y los estudiantes en cada etapa de su trayectoria educativa.*
43 *Cristián Bellei & Liliana Morawietz (2016): Strong Content, Weak Tools Twenty-First-Century Competencies in the Chilean Educational Reform Center for Advanced Research*

Por ejemplo, que una o un estudiante aprenda a: *'Representar generalizaciones de relaciones entre números naturales, usando expresiones con letras y ecuaciones'* **(Matemática 6° Básico, Eje Patrones y Álgebra)**, es un paso que marca incuestionable progreso en su trayectoria educativa, pero si para el logro de este OA, se precisó restar atención o derechamente sacrificar el OAT: *'Trabajar en equipo de manera responsable, construyendo relaciones basadas en la confianza mutua'.***(Dimensión Proactividad y Trabajo)**, significa que estamos frente a una propuesta pedagógica desajustada e incongruente.

¿Hasta qué punto le servirá a la o el estudiante dominar el mencionado OA, si por otra parte, carece de actitudes, conocimientos y habilidades esenciales para saber Participar, Interactuar y Desempeñar Roles Socialmente Valorados?

Lo previamente señalado, en ningún caso supone desconocer el valor que encierra el manejo por parte de la o el estudiante del mencionado OA, sino que más bien advierte sobre posibles impactos negativos que provocaría en sus desempeños cotidianos y a lo largo de toda la trayectoria vital, el no manejo del citado OAT.

Persevera la idea de avanzar hacia la concepción de propuestas pedagógicas que refuercen equilibrios entre lo Actitudinal, lo Conceptual y lo Procedimental.

Young, M. (1971)[44] advertía sobre: *"... la hegemonía del conocimiento disciplinario, como legítimo estructurante del currículo escolar"*. De hecho, al reconocer que el currículo es el resultado de relaciones de poder y control del conocimiento seleccionado, utiliza en referencia a este cuerpo de conocimientos, una frase aún vigente: *"violencia simbólica"*.

---

in Education, University of Chile. Published in F.M. Reimers & C. Chung (Eds.). Cambridge, MA: Harvard Education Press. 1. Pág. 7.
44 Young, M. (Ed.) (1971). Knowledge and Control: New directions for the sociology of education. London: Collier Macmillan.

El propio Young, M. (2008)[45], sentencia que un currículo que organiza los conocimientos bajo una estructura disciplinar, se cimentará en un *'principio de insularidad'*, llamando la atención sobre su desconexión como isla remota, distante de la vorágine que acontece a su alrededor.

Definitivamente, se requiere más flexibilidad en el propio marco curricular, de modo que cada Comunidad Educativa pueda seleccionar y organizar aprendizajes considerados esenciales, atendiendo y respondiendo tanto a las particularidades, las potencialidades y las necesidades de apoyo manifiestas por la diversidad educativa, como también a múltiples variables contextuales (ambientales-socio-histórico-culturales) que identifican la localidad donde se encuentra ubicada.

Esto, es premisa para conceder sentido, significado y coherencia a los procesos de enseñanza y de aprendizaje; otorgándose máxima prioridad a pilares ya convenidos, que ayudan a indicar el trazado a seguir en materia educativa a lo largo de toda la vida y en ese contexto, despuntan en calidad de oportunidades, fines y medios como por ejemplo:

1. Aprender a Ser (UNESCO, 1971 - 1972)[46],
2. Aprender a conocer o aprender a aprender, Aprender a hacer, Aprender a vivir juntos o a convivir (UNESCO, La Educación encierra un tesoro, 1993 - 1996)[47] y,
3. Aprender a convertirse o transformarse (Los futuros de la Educación. UNESCO, 2020)[48]

---

45 Young, M. (2008): Bringing Knowledge Back In: from socio-constructivism to social realism in sociology of education. London: Routledge & Kegan Paul.
46 Faure, E., Herrera F., Kaddoura, R.A., Lopes, H., Petrovski, V. A., Rahnema, M. y Ward, C. F. (1972): Aprender a Ser. La Educación del Futuro. ONU para la Educación, la Ciencia y la Cultura (UNESCO) conjuntamente con Alianza Editorial, S.A. España.
47 Delors, J. y otros (1996): La Educación encierra un Tesoro. Informe a la UNESCO de la Comisión Internacional sobre la Educación para el Siglo XXI. Ediciones UNESCO.
48 UNESCO (2020): Los futuros de la educación: aprender a convertirse. Proyecto que forma parte de una serie de informes mundiales sobre Educación encargados por la UNESCO para hacer frente a los desafíos que el futuro nos depara y formular recomendaciones en el ámbito de la educación.
https://es.unesco.org/futuresofeducation/la-iniciativa

'*Aprender a convertirse o transformarse*', se alza como iniciativa global que desde una mirada prospectiva, concentra la atención en cómo la enseñanza, el aprendizaje y las actitudes, habilidades y conocimientos devenidos de la congruencia y significación de estos procesos, van a contribuir a moldear futuros deseables tanto para los seres humanos como para el planeta que cohabitamos.

Cada uno de estos pilares, constituyen per se fines de una Educación concebida para TODAS y TODOS sin excepción, dando cuenta de las verdaderas prioridades donde el '*Aprender a ser*', va a conferir relevancia a la espiritualidad y al protagonismo existencial de los seres humanos en su permanente búsqueda de Bienestar Físico, Emocional, Material y Social.

Por su parte, la necesidad de '*Aprender a aprender*', advierte sobre la importancia de que lo que se enseñe y aprenda, se constituya como base desde la cual, el sujeto podrá desarrollar nuevos aprendizajes y perfeccionar estrategias personales, aprovechando la multiplicidad de oportunidades y variantes de Educación Permanente como respuesta sensata a la inevitable necesidad de aprender que manifiesta cada ser humano en toda la extensión de su ciclo vital.

En la construcción y perfectibilidad del propio 'Ser', a través del 'Aprender a aprender' como eje de superación, será premisa '*Aprender a hacer*'. Dicho con otras palabras, este hacer transformador, posibilitará poner a prueba los aprendizajes desarrollados y encontrar su utilidad en diversos contextos socio-comunitarios, situaciones, actividades y dinámicas que forman parte de la cotidianeidad.

Avanzar hacia el desarrollo y potenciación de capacidades que permitan a las y los estudiantes 'Aprender a ser', 'Aprender a aprender' y 'Aprender a hacer', dependerá en gran medida, de las oportunidades disponibles para acceder, participar, interactuar y desempeñar roles socialmente valorados.

De ahí, el énfasis en saber vivir juntos y en paz, aceptando la diversidad humana y respetando los derechos del resto de las personas en contextos democráticos, donde se realce la importancia de *'Aprender a convivir'*, hallando colaborativa y cooperativamente vías efectivas y eficaces que contribuyan a encarar desafíos venideros, solucionar conflictos y llevar a cabo proyectos personales y comunes.

'Aprender a transformarse', convoca al mundo de la Educación a pensar futuros desde una mirada multidimensional y proyectar sus acciones donde la anticipación, es asumida como estrategia clave para enfrentar desafíos venideros cercanos y más distantes en el tiempo, aprovechando al máximo que sea posible, conocimientos derivados de nuevos descubrimientos científicos y sus aplicaciones en las distintas esferas de la sociedad.

A estos cinco pilares concebidos como fines de la Educación y que se pudieran expresar en un amplio repertorio de Objetivos de Aprendizaje Preferentes, se añade uno más: *'Aprender a desaprender'*, reconociendo que la vertiginosidad de los cambios que acontecen, así como también las inestabilidades, vaivenes e incertezas que ellos acarrean en todos los ámbitos de la vida social, exigen como indica Carneiro, R. (2007)[49], enseñar y aprender a: *"… autorregular el esfuerzo de aprender, aprendiendo a olvidar para desaprender cuando sea necesario y dejar espacio para nuevos conocimientos …".*

Aquí y ahora, se hace un llamado de atención, respecto a que cada Aprendizaje Esperado que forma parte de los distintos Programas de Estudio, proviene de la Vida misma como corolario de acontecimientos, descubrimientos, fenómenos, dinámicas, acciones, etc., relacionadas con la propia existencia del ser humano en su permanente interacción con el entorno, por lo que debiera ser hacia ella, que debiera retornar nuevamente ese acervo experiencial con grados crecientes de significado, de utilidad y también de renovación.

---

49 Fuente: https://es.unesco.org/futuresofeducation/

Conscientes de las problemáticas referidas y en particular, de lo señalado sobre la asimetría que prevalece al momento de privilegiar el trabajo con ciertas Asignaturas y Dimensiones por sobre otras, así como también de la excesiva acumulación de Aprendizajes que expresados en Objetivos de Aprendizaje, encontramos dentro de los Programas de Estudio, lo cierto es que desde una mirada multidimensional del ser humano, se hace cada vez más necesario saber identificar aquellos que como señala Coll, C.S. (2006)[50], resulten '*básicos imprescindibles*' de trabajar con las y los estudiantes.

Cabe aclarar, que somos partidarios de un Currículo Nacional que en calidad de marco general, permita guiar las acciones educativas como Proyecto País, reconociendo Derechos y Deberes, consensuando Principios, estableciendo Objetivos Generales para los distintos Niveles Educativos, proponiendo Bases Curriculares, Mapas de Progreso, Estándares de Aprendizaje; entre otros elementos que ordenan el Marco Educativo Institucional de cada nación.

Con todo, defendemos la idea que para la implementación y la gestión de esas directrices generales, será indispensable otorgar a las Comunidades Educativas, suficientes márgenes de flexibilidad como para contextualizar dichos lineamientos genéricos tanto a la singularidad de la diversidad educativa como también a las particularidades (históricas, culturales, geográficas, socio-económicas, demográficas, etc.) del contexto en que se desarrollan las acciones.

Por lo tanto, no se insinúa en Acortar o Contraer los Currículos, sino más bien de Saber Diferenciar y Seleccionar aquellos Aprendizajes Esperados que son **impostergables** e **irremplazables** de trabajar con ese alumnado y en ese contexto, de manera que se pueda asentar las bases que permitan que las y los estudiantes, desarrollen nuevos aprendizajes con creciente graduación de complejidad, atendiendo a variables personales y contextuales propias.

---

50 Coll, E.S. (2006): *Lo básico de la educación básica. Reflexiones en torno a la revisión y actualización del currículo de la educación básica. Revista Electrónica de Investigación Educativa, 8 (1). Web: https://redie.uabc.mx/redie/article/view/139*

Fadel, Ch., Bialik, M. y Trilling, B. (2015)[51] expresan nítidamente esta problemática:

"El conocimiento es absolutamente esencial, pero debemos repensar aquello que es relevante en cada área de las asignaturas y adaptar el currículo para reflejar las prioridades del aprendizaje tanto en las disciplinas tradicionales como en las modernas".

En efecto, la selección de Objetivos de Aprendizaje que ordenan las matrices curriculares, no consigue contemplar dada su dilatación, todas las Dimensiones y Sub-dimensiones que modelan la naturaleza multidimensional de la diversidad humana.

Si bien se reconoce que las Bases Curriculares contemplan algunas Dimensiones claves, las que se abordan tanto en los OA de distintas Asignaturas como en el trabajo con OAT, lo cierto es que se hacen insuficientes al momento de responder a la diversidad de Perfiles de Necesidades Multidimensionales de Apoyo que manifiesta un número importante de estudiantes que se escolarizan en los distintos niveles educativos, argumentando la necesidad de incorporar OA(*ep*) incuestionablemente relevantes para precisamente Equilibrar–Balancear las Propuestas Pedagógicas.

Lo anterior, sin desmerecer que dentro de las distintas Asignaturas que forman parte de los Programas de Estudio, se atienden directa o indirectamente algunos aprendizajes y objetivos vinculados con Dimensiones no explícitas que emanan de la experiencia de las y los docentes y de la caracterización de las y los estudiantes.

No obstante, sigue siendo insuficiente frente a la vastedad que es propia de la diversidad educativa.

Desde esa mirada balanceada que se sugiere concebir las Propuestas Pedagógicas, *¿qué caminos seguir para flexibilizar los*

---

51 *Charles Fadel, Maya Bialik y Bernie Trilling (2015): Educación en cuatro dimensiones: las competencias que los estudiantes necesitan para tener éxito. Centro para el Rediseño Curricular, Boston, MA, 02130. Pág. 63.*

procesos de selección, de organización y del tratamiento simultáneo que se debe dar a los OA, OAT y OA(ep) que resultan trascendentales para favorecer el Acceso al Aprendizaje y la Participación de TODO el alumnado?

En respuesta a esa interrogante, sostenemos que la Diversificación de la Enseñanza faculta su consideración, entendiendo que será necesario identificar aquellos Objetivos de Aprendizaje (OA – OAT – OAep) que resulten esenciales o *'básicos imprescindibles'* para asegurar:

1. Acceso, Permanencia y Progreso por los Itinerarios Educativos,
2. Fortalecimiento del Funcionamiento Individual Cumplimiento de una amplia variedad de Actividades de la Vida Diaria en variados Contextos Socio-comunitarios,
3. Desarrollo Integral (multidimensional) y,
4. Mejoramiento de la Calidad de Vida de las y los Estudiantes, así como también de sus Familias.

Siempre se deberá regresar al llamado: **'Conocer para Incluir'** porque en esencia, reclama la necesidad de Individualizar para Diferenciar, fundamentando decisiones conjuntas respecto de la incorporación de OA(ep) a las Propuestas Pedagógicas, dada su significación para responder oportuna y ajustadamente a variadas Necesidades Multidimensionales de Apoyo.

Ya que esta propuesta de OA(ep) se afirma y consolida sobre la base de dos Criterios de Adecuación Curricular, es oportuno compartir lo que al respecto señala el Ministerio de Educación de Chile (2015).

En referencia al criterio de **enriquecimiento**, se indica:

"Esta modalidad de adecuación curricular corresponde a la incorporación de objetivos no previstos en las Bases Curriculares y que se consideran de primera importancia para el desempeño académico y social del estudiante, dadas sus características y necesidades. Supone

complementar el currículum con determinados aprendizajes específicos..."[52].

Aludiendo al criterio de **priorización**, se explica:

"Consiste en seleccionar y dar prioridad a determinados objetivos de aprendizaje, que se consideran básicos imprescindibles para su desarrollo y la adquisición de aprendizajes posteriores. Implica, por tanto, jerarquizar a unos por sobre otros, sin que signifique renunciar a los de segundo orden, sino más bien a su postergación o sustitución temporal"[53].

Respecto al criterio de priorización, prima el acuerdo en jerarquizar los Objetivos de Aprendizaje en función del Perfil de Necesidades Individuales de Apoyo de cada estudiante, entendiendo que se adopta desde una perspectiva multidimensional. Sin embargo, creemos que en un gran número de casos, la postergación o sustitución temporal, se podría evitar si se persevera en la Integración Curricular tal y como lo sugieren los autores de esta propuesta, a través del despliegue de acciones institucionales orientadas a favorecer la Gestión Pedagógica Colaborativa.

Lo recomendable aquí, es que el o los Objetivos de Aprendizaje que se incorporen a la Propuesta Pedagógica a través del Criterio de Enriquecimiento, se pueden trabajar en forma articulada y simultánea con el OA que se pretende postergar o sustituir temporalmente. Esto, indistintamente que para el trabajo con este último, sea necesario aplicar por ejemplo, el criterio de Graduación del Nivel de Complejidad.

Un aspecto de vital importancia a tener presente para **enriquecer** las Propuestas Pedagógicas, debido a la **vigencia**, **relevancia** y **prioridad** que actualmente se le confiere, guarda relación con indicaciones generalmente consensuadas que entregan instituciones

---

52 *Ibidem 49. Pág. 31.*
53 *Ministerio de Educación. División de Educación General Unidad de Currículum (2015): Diversificación de la Enseñanza. Decreto N°83 Aprueba Criterios y Orientaciones de Adecuación Curricular para estudiantes con necesidades educativas especiales de Educación Parvularia y Básica. Págs. 30 - 31.*

de renombre mundial[54] donde se utiliza tanto el concepto habilidades como el de competencias imprescindibles para el siglo XXI; observándose cierta inclinación por el segundo.

A continuación, se comparten tres ejemplos que ayudan a esclarecer cómo pudiésemos trabajar la Integración Simultánea de OA, OAT y OA(*ep*) en tareas, actividades y evaluaciones, entendiendo que una premisa fundamental para su concreción, es la implementación y la consolidación del Trabajo Colaborativo, encontrando sentido lo indicado por Fadel, Ch., Bialik, M. y Trilling, B. (2015)[55]:

"Debido a que el conocimiento se puede transferir más allá de las disciplinas, es natural prestar atención a las maneras en que las conexiones con otras áreas del conocimiento puedan explicitarse".

Antes de proceder a revisar tres ejemplos donde se refleja la integración simultánea de OA, OAT y OA(*ep*) en una Clase, interesa recordar, que la incorporación de uno o más **OA(*ep*)** a la Planificación de Clases no es fortuita, ya que debe encontrar justificaciones ya sea:

- Por su nivel de ***priorización*** para dar respuesta a Necesidades Individuales de Apoyo manifiestas por uno o más estudiantes del Grupo – Curso, las que han sido previamente explicitadas en su Caracterización como resultado de un conjunto de acciones planificadas que deben concurrir en el marco de la Evaluación Diagnóstica Integral, siempre desde un abordaje Multiprofesional y,
- Por la urgente necesidad de asegurar el ***enriquecimiento*** de la Propuesta Pedagógica con **OA(*ep*)** no previstos o débilmente abordados en el Currículo General, pero que como ha sido reiteradamente señalado, son prioritarios de trabajar con uno o más estudiantes del Grupo – Curso para de esta forma, equilibrar o balancear la gestión curricular; su individualización y

---

54 Organización de las Naciones Unidas para la Educación la Ciencia y la Cultura (UNESCO), Organización de Cooperación y Desarrollo Económico (OCDE), Organización Internacional del Trabajo (OIT), Banco Mundial (BM), Banco Interamericano de Desarrollo (BID), Comisión Económica para América Latina (CEPAL).
55 Ibidem 20. Pág. 80.

diferenciación, prestando atención por ejemplo, al tratamiento sincrónico de Objetivos de Aprendizaje orientados a fortalecer su Funcionamiento Autónomo Individual, Participaciones, Interacciones Sociales, Desempeño de Roles, Autodeterminación, Defensa de los Derechos, Salud y Seguridad, Autocuidado, etc.

Con estos tres ejemplos, se procura representar cómo en una misma Clase circunscrita a determinada Asignatura, se puede generar integración curricular, a través de la articulación simultánea e intencionada de **OA**, **OAT** y **OA(*ep*)**, optimizando al máximo los tiempos y respondiendo pertinentemente a requerimientos de apoyo de la diversidad educativa.

Revisemos los ejemplos:

Ejemplo N° 1

Curso	**1° Básico**
Asignatura Nuclear	**Historia, Geografía y Ciencias Sociales**
Tareas y Actividades	**Categorías relativas (antes – después)**
Duración	**90 min.**
Próxima Actividad	**Trabajar (ayer – hoy)**

ASIGNATURA: Historia, Geografía y Ciencias Sociales - **EJE:** Historia

1) **OA:** *Secuenciar acontecimientos y actividades de la vida cotidiana, personal y familiar, utilizando categorías relativas de ubicación temporal, como antes, después; ayer, hoy, mañana; día, noche; este año, el año pasado, el año próximo. y gráficas dadas (narraciones, fotografías, medios audiovisuales), mediante preguntas dirigidas.* Textual

ASIGNATURA: Lenguaje y Comunicación – **EJE:** Comunicación

2) **OA:** *Reconocer, describir y valorar sus grupos de pertenencia (familia, curso, pares), las personas que los componen y sus características, y participar activamente en ellos (por ejemplo, ayudando en el orden de la casa y sala de clases).* Textual

DIMENSIÓN: Interacciones Sociales - **SUB-DIMENSIÓN:** Dominio de Habilidades Básicas de Interacción Social

3) **OA(ep):** *Conocer y adaptarse a normas y valores prestablecidos para participar en el desarrollo de actividades grupales desarrolladas en el contexto escolar.*

DIMENSIÓN: Cumplimiento Autónomo de Actividades de la Vida Diaria - **SUB-DIMENSIÓN:** Orden e Higiene Ambiental

4) **OA(ep):** *Familiarizarse con utensilios, equipos y productos empleados para realizar el aseo ambiental, teniendo en cuenta su apariencia, funcionalidad y medidas de prevención.*

DIMENSIÓN: Elecciones y Toma de Decisiones Informadas. Ejercicio de la Autodeterminación - **SUB-DIMENSIÓN:** Expresión de preferencias y opiniones

5) **OA(ep):** *Realizar elecciones y tomar decisiones informadas sobre la base del conocimiento de distintas alternativas de actuación previamente socializadas y relacionadas con la preferencia personal de participación en un determinado grupo dentro del aula.*

DIMENSIÓN: Afectiva

6) **OAT:** *Adquirir un sentido positivo ante la vida, una sana autoestima y confianza en sí mismo, basada en el conocimiento personal, tanto de sus potencialidades como de sus limitaciones.* Textual

Ejemplo N° 2

Curso	3° Básico
Asignatura Nuclear	**Ciencias**
Tareas y Actividades	**Hábitos de alimentación saludable**
Duración	**90 min.**
Próxima Actividad	**Elaborar video tutorial elaboración de jugo de kiwi**

ASIGNATURA: Ciencias Naturales - **EJE:** Ciencias de la vida (Cuerpo Humano y Salud)

1) **OA:** *Clasificar los alimentos, distinguiendo sus efectos sobre la salud y proponer hábitos alimenticios saludables.* Textual

ASIGNATURA: Lenguaje y Comunicación – **EJE**: Comunicación

2) **OA:** *Interactuar de acuerdo con las convenciones sociales en diferentes situaciones: expresar opiniones e ideas.* Adaptado, a través del criterio graduación del nivel de complejidad)

DIMENSIÓN: Cumplimiento Autónomo de Actividades de la Vida Diaria - **SUB-DIMENSIÓN:** Alimentación, Preservación y Preparación de Alimentos

3) **OA(ep):** *Preparar jugos naturales (kiwi) en el contexto escolar, empleando juguera o batidora.*

DIMENSIÓN: Interacciones Sociales - **SUB-DIMENSIÓN:** Dominio de Habilidades Básicas de Interacción Social - **SUB-DIMENSIÓN:** Expresión, Control y Comprensión de Emociones, Sentimientos y Opiniones

4) **OA(ep):** *Participar en actividades grupales en el contexto escolar con pares de su grupo curso.*

DIMENSIÓN: Exploración y Aplicación Tecnológica, Orientación Vocacional y Formación para el Trabajo - **SUB-DIMENSIÓN:** Exploración y Aplicación Tecnológica

5) **OA(ep):** *Operar eficiente y responsablemente juguera o batidora en el contexto escolar con la finalidad de hacer jugo natural.*

6) **OA(ep):** *Filmar paso a paso el proceso de elaboración del jugo de kiwi, empleando celular (móvil) para contar con el registro audiovisual del proceso.*

DIMENSIÓN: Cuidado y Mantenimiento de la Salud. Bienestar Físico, Emocional y Social. Prevención, Autocuidado y Seguridad - **SUB-DIMENSIÓN:** Higiene y Presentación Personal - **SUB-DIMENSIÓN:** Orden e Higiene Ambiental - **SUB-DIMENSIÓN:** Prevención, Autocuidado y Seguridad

7) **OA(ep):** *Cumplir normas de higiene exigidas durante la elaboración de jugos naturales en el contexto escolar.*

8) **OA(ep):** *Cumplir responsablemente con las medidas de seguridad y de prevención de accidentes en el uso de juguera o batidora.*

DIMENSIÓN: Tecnologías de información y comunicación (TIC)

9) **OAT:** *Utilizar aplicaciones para presentar información y comunicar ideas, aprovechando videos.* <u>Adaptado, a través del criterio graduación del nivel de complejidad)</u>

Ejemplo N° 3

Curso	6° Básico
Asignatura Nuclear	**Matemática**
Tareas y Actividades	**Concepto y cálculo de porcentajes**
Duración	**45 min.**
Próxima Actividad	**Ubicar lugares en el contexto inmediato a la Escuela y el Hogar, utilizando la aplicación Google Maps**

ASIGNATURA: Matemática - **EJE:** Números y Operaciones

1) **OA:** *Demostrar que comprenden el concepto de porcentaje de manera concreta, pictórica y simbólica, de forma manual y/o usando software educativo u otros medios para investigar el porcentaje en que se ha incrementado el valor del pasaje de bus entre 2018 y 2020.* Adaptado, a través del enriquecimiento

ASIGNATURA: Lenguaje y Comunicación – **EJE:** Lectura

2) **OA:** *Buscar y comparar información sobre un tema, utilizando fuentes como internet, enciclopedias, libros, prensa, etc., para llevar a cabo una investigación.* Textual

DIMENSIÓN: Participación en Contextos Socio-comunitarios (micro, meso y macrosistema) - **SUB-DIMENSIÓN:** Conocimiento, Orientación, Desplazamiento y Accesibilidad - **SUB-DIMENSIÓN:** Uso Eficiente y Responsable de la Red de Servicios Comunitarios de Transporte

3) **OA(ep):** *Localizar paraderos de buses cercanos a la Escuela y al Hogar (mesosistema).*

DIMENSIÓN: Exploración y Aplicación Tecnológica, Orientación Vocacional y Formación para el Trabajo - **SUB-DIMENSIÓN:** Exploración y Aplicación Tecnológica

4) **OA(*ep*):** *Operar eficiente y responsablemente objeto tecnológico denominado celular (teléfono móvil) y la aplicación Google Maps con la finalidad de orientarse e identificar recorridos de micros (buses) en contextos mediatos (mesosistema) a la Escuela y al Hogar.*

DIMENSIÓN: Participación en Contextos Socio-comunitarios-**SUB-DIMENSIÓN:** Conocimiento, Orientación, Desplazamiento y Accesibilidad en Contextos Inmediatos a la Escuela y al Hogar (microsistema)

5) **OA(*ep*):** *Orientarse y desplazarse apropiadamente en contextos inmediatos (mesosistema) a la Escuela y el Hogar, favoreciendo la identificación de paraderos cercanos y de recorridos del transporte público.*

DIMENSIÓN: Cognitiva

6) **OAT:** *Diseñar, planificar y realizar proyectos.* Textual

DIMENSIÓN: Participación en Contextos Socio-comunitarios (microsistema) - **SUB-DIMENSIÓN:** Conocimiento, Orientación, Desplazamiento y Accesibilidad en Contextos Inmediatos a la Escuela y al Hogar (microsistema)

7) **OA(*ep*):** *Respetar señalética ubicada en los alrededores de la Escuela y del Hogar (mesosistema), demostrando adecuado dominio de desplazamientos autónomos y seguros.*

El esquema que sigue, sintetiza los propósitos de las Progresiones de OA(*ep*) y la gestión de su integración con basamento en la Gestión Pedagógica Colaborativa como premisa para asegurar el Aprendizaje Cooperado.

Integración simultánea de Objetivos de Aprendizaje

Esquema 2[56]

---

56 *Elaboración propia.*

- **Elementos Organizativos que articulan la Propuesta de Progresiones de OA(*ep*) y sus Indicadores de Logro**

Previo al análisis de los elementos organizativos de esta Edición Seriada, es conveniente precisar que si bien existe una sólida interconexión entre los Volúmenes y sus Contenidos y, que la globalidad del diseño, facilita el trabajo de manera integrada o globalizadora, también se ha concedido suficiente flexibilidad y autonomía como para que cada ejemplar, pueda ser trabajado en forma independiente.

En otras palabras, las y los profesionales que accedan a este material, dispondrán de oportunidades para seleccionar dentro de la serie, aquel o aquellos volúmenes que resulten de mayor interés para enriquecer su trabajo, considerando siempre que se ha concebido como un complemento del Currículo de la Educación General para favorecer la Diversificación de la Enseñanza, atendiendo a las particularidades de la Diversidad Educativa y a sus Necesidades Multidimensionales de Apoyo. En el esquema que sigue, se revelan los elementos constitutivos de la presente propuesta:

Propuesta de Progresión de Aprendizajes

Dimensiones

Sub-dimensiones

OBJETIVOS DE APRENDIZAJE GENÉRICOS (OAG)

Objetivos de Aprendizaje de *enriquecimiento* para su *priorización*

OA(*ep*)

Indicadores de Logro

Esquema 3[57]

---

57 *Elaboración propia.*

Siguiendo la lógica del esquema anterior, se describen seguidamente los elementos organizativos considerados:

1) **Dimensiones:** Agrupan un conjunto de ámbitos y materias que modelan la naturaleza multidimensional de cada ser humano, acorde al propio significado que se le otorga: *"aspecto o faceta de algo"*[58], las que a su vez, podrían contener Sub-dimensiones de mayor especificidad, donde se concentrarán Progresiones de Aprendizajes Esperables afines a las mismas.

2) **Sub-dimensiones:** Esta categoría actúa como núcleo estructural, permitiendo una mayor diferenciación o precisión de las Progresiones de Aprendizajes Esperables afines y desde las cuales, se plantean los OA(*ep*) con sus respectivos Indicadores de Logro.

3) **Objetivos de Aprendizaje Genéricos (OAG):** Engloban los Aprendizajes Esperados que han sido contemplados en la totalidad de OA(*ep*) planteados y organizados en una determinada Sub-dimensión.

Los OAG, dan cuenta del Nivel de Logro desempeño estimado de calidad como básico imprescindible que debiera dominar y demostrar en términos de desempeños concretos la o el estudiante.

Se podría considerar como el Perfil de Egreso deseado una vez finalizado el trabajo con los OA(*ep*) seleccionados en la Sub-dimensión correspondiente.

4) **Objetivos de Aprendizaje de enriquecimiento para su priorización (OA*ep*):** Constituyen categorías de prescripción curricular donde se entrelazan actitudes, habilidades y conocimientos que debiera lograr la o el estudiante, describiendo resultados esperables.

Se formulan a partir de una secuencia de Aprendizajes Esperados que se organizan en complejidad creciente y desde esa progresión, se procede a formular los OA(*ep*).

---

58 Real Academia Española. https://dle.rae.es/

Como ha sido precedentemente indicado, la sigla **OA(*ep*)**, permite su diferenciación con los Objetivos de Aprendizaje **(OA)** vinculados a las distintas Asignaturas y sus Ejes, así como también con los Objetivos de Aprendizaje de Transversales **(OAT)**.

Cabe destacar, que no es azaroso que en esta serie de publicaciones, sus autores hayan optado por utilizar para la formulación de Progresiones de OA(*ep*), justamente la variante de prescripción curricular denominada: Objetivos de Aprendizaje y en ese sentido, es dable compartir algunos de los fundamentos más importantes que conllevaron a tomar dicha decisión:

Ante todo, porque los OA(*ep*) se alinean convenientemente con las definiciones establecidas en el Currículo de la Educación General, a través de los OA y los OAT.

Al establecer como premisa esencial, la necesidad de conocer profundamente la diversidad educativa desde una perspectiva multidimensional y comprensiva, se entiende que la Evaluación Diagnóstica Integral, constituye el sostén de una Educación pertinente y de calidad, exigiendo actuaciones colaborativas que canalicen consensos respecto al establecimiento de metas desde la perspectiva de la enseñanza; priorizándose a su vez y de manera preeminente, el Acceso al Aprendizaje y la Participación por parte de TODO el alumnado.

Lo anterior, fija el *cuándo* están dadas las condiciones esenciales para con asenso de ello, identificar el *qué* enseñar y aprender a través de la definición de Objetivos de Aprendizaje que se ajusten y respondan a intereses, expectativas, necesidades y posibilidades de las y los estudiantes, sean estos OA, OAT u OA(*ep*), debiendo expresar convenientemente resultados esperables, mensurables y observables / demostrables en términos de desempeños concretos, lo que esclarece el *para qué*.

Planteados y organizados escalonadamente los Objetivos de Aprendizaje, estos actuarán como una pauta a seguir para su planificación e implementación, delineando las condiciones en que se debe dar, a través del *cómo* enseñar para asegurar el aprendizaje, a través de variadas estrategias de Flexibilización Curricular; inclinándose en primer orden por el DUA, teniendo en cuenta también, en caso que sea indispensable, la Aplicación de Criterios de Adecuación Curricular de Acceso y/o en los Objetivos de Aprendizaje.

La selección de materiales y de medios apropiados, indicarán **con qué** se trabajará, definiendo los contextos idóneos para el desarrollo de los procesos de enseñanza y de aprendizaje, señalando **dónde** desarrollar las tareas, las actividades y las evaluaciones.

Como ya se ha mencionado, el logro de un Objetivo de Aprendizaje se expresará en el nivel de ejecución o de desempeño que demuestre la o el estudiante y en ese sentido, será determinante definir a priori e informar a todas las partes, cuál será el nivel de dominio considerado aceptable, lo que implica el **cuánto** que a fin de cuentas, reflejará un desempeño estimado de calidad; reconociéndose como un estándar para evaluar los resultados de manera mucho más objetiva.

Mager, R.F. (1997)[59] refiriéndose al grado o rango en que se especifica el nivel de desempeño considerado aceptable para el logro de un Objetivo de Aprendizaje, puntualiza que a partir de un estándar definido, todas las partes tendrán claro conocimiento de la calidad del desempeño esperado, pero si por el contrario, lo que se enseña se reconoce como algo intangible, imposible de evaluar, comenta:

"... si usted está enseñando algo que no se puede evaluar, está en la incómoda posición de ser incapaz de demostrar que usted está enseñando algo".

Es evidente, que un planteamiento claro y conciso de los OA, OAT y OA(ep); su información anticipada y el análisis conjunto de ellos por parte de las y los involucrados, pudiera ser de gran ayuda para que se concreten y fortalezcan acciones que en el marco de la Gestión Pedagógica Colaborativa, aseguren el Aprendizaje Cooperado y con ello, el logro de los Objetivos de Aprendizaje propuestos.

---

59 *Mager, R.F. (1999) Preparing instructional objectives a critical tool in the development of effective instruction. 3rd edition. Publisher: Atlantic Books.*

En este contexto ideal, tanto docentes como estudiantes y, otros actores participantes, poseerán más información al momento de valorar si se cumplió o no con los cometidos.

Hablamos de saber con bastante exactitud, cuáles fueron los impactos de las estrategias de enseñanza en el logro de los aprendizajes esperados.

5) **Indicadores de Logro (IL):** Son descriptores en referencia a actitudes, conocimientos y habilidades observables y medibles en términos de desempeños concretos que dan cuenta del nivel de logro y progreso alcanzado por una o un estudiante en relación con los Aprendizajes Esperables definidos en determinado Objetivo de Aprendizaje.

Como suele ocurrir en cualquier otra variante de Objetivo de Aprendizaje (OA – OAT), la cantidad de indicadores de logro en cada OA(*ep*) es variable; precisándose además, que el dominio por parte de la o el estudiante de la totalidad de dichos indicadores, pone en evidencia que se ha alcanzado el máximo nivel de logro esperado de ese OA(*ep*). Dicho de otro modo, se ha cumplido con el estándar definido.

Respecto a los Indicadores de Logro, Mager, R.F. (1997)[60] hace mención de dos tipos de desempeños: explícitos y encubiertos u ocultos.

Este autor, establece una diferenciación entre desempeños que son evidentemente 'visibles y/o audibles' versus aquellos que se producen internamente y no se pueden observar.

Definitivamente, este es un aspecto importante a considerar al momento de formular y/o adecuar Objetivos de Aprendizaje, ya que el propósito de la evaluación, es precisamente valorar con la mayor precisión posible el nivel de dominio alcanzado por parte del sujeto y demostrado mediante desempeños.

---

60 Ibidem 33.

El mencionado autor, sugiere una solución sencilla para lograr que sea demostrable el nivel de dominio adquirido por la o el estudiante en correspondencia con los aprendizajes esperables implícitos en un determinado Objetivo de Aprendizaje.

Para ello, propone incorporar al Objetivo de Aprendizaje uno o más indicadores de habilidad (actuaciones, comportamientos, procedimientos, etc.).

De lo previo, la atención que se prestó durante el proceso de formulación de los OA(ep) propuestos en esta serie de publicaciones, resguardando la incorporación de Indicadores de Logro sencillos, explícitos y demostrables.

A modo de ejemplo, seleccionamos un OA(ep) de la **Dimensión II:** Cumplimiento Autónomo de Actividades de la Vida Diaria, **Sub-dimensión 2.1: Control de Esfínteres (defecación y micción) Libre de Estrés, a través de la Socialización y la Asunción de Patrones Culturales Predominantes**:

OA(*ep*)	Indicadores de Logro
▪ **Dominar términos relacionados con los procesos de evacuación.**	Demuestra gradual dominio de términos utilizados en la denominación de implementos empleados para realizar la evacuación, respetando el sistema de comunicación que mejor se ajusta a su diversidad biopsicosocial: a) *Pipí u orina* b) *Caca* c) *Limpia/o* d) *Sucia/o* e) *Mojada/o* f) *Orinal, bacinica, silla, etc.* g) *Ayuda* h) *Baño* i) *Otros*

Capítulo 1 - DIMENSIÓN I: Asunción de la Cultura desde una Mirada Filo-Ontogénica

1.1. Las Capacidades: Condición Universal del Desarrollo Multidimensional Humano

La atención a la diversidad, desde la perspectiva de la necesidad de satisfacer las particularidades de desarrollo de las individualidades, se debe sustentar en un modelo teórico; que fundamente el acontecer del crecimiento personal, entendido como un proceso continuo donde se van construyendo y potenciando las capacidades humanas.

Las teorías de los aprendizajes, tratan de fundamentar el modo en que las personas aprenden para que se decida cómo se enseña y desde ahí, decidir cómo enseñarles. La educación es un proceso científicamente articulado y planificado, orientado a la formación integral de la persona sobre la base de concepciones científicas y posiciones que consoliden una visión optimista y desarrolladora; con respecto a las características individuales y posibilidades que tenga la persona.

La idea rectora de la postura que se asume es que no hay persona que no aprenda. Se trata de determinar las vías que faciliten el aprendizaje para adentrarse en este ámbito, buscando opciones facilitadoras de que tenga lugar, considerando siempre la incertidumbre si es que acaso la persona no está aprendiendo debido a la forma en que se le está enseñando y si esa experiencia compartida, se ubica o no en el contexto adecuado.

Siempre debiésemos poner en duda cualquier argumento que intente justificar la imposibilidad de aprender por parte de una persona indistintamente de su condición, ya que el cuestionamiento debiera ir en sentido contrario y encontrar respuesta frente a la interrogante: ¿se le está enseñando o no como ella o él aprende? En esta reflexión, se pone de manifiesto una frase recurrentemente empleada por Figueredo, E.E.:

"Si un estudiante no aprende como yo le enseño, es porque no le estoy enseñando como él aprende".

Esta pequeña frase, encierra enormes desafíos desde el punto de vista didáctico, asumiendo como idea rectora que la buena educación, es la que se ajusta a la diversidad educativa, la que encuentra los caminos para favorecer los aprendizajes, respetando la pluralidad de ritmos de aprendizaje, de participar, motivarse, comprometerse, etc., comprendiendo la relevancia que encierra el aseguramiento de experiencias compartidas en contextos adecuados.

Abordar esta temática lleva a recorrer múltiples facetas sobre el acontecer de los aprendizajes de la diversidad humana. En honor a buscar una sistematización de las posturas, se presentan, a través de la relación **Aprendizaje** y **Desarrollo**.

El sujeto aprende cuando los estímulos externos lo movilizan y su actuación, difiere del modo anterior en que lo hacía. Lo que no podía hacer o hacía en forma imprecisa, pasa a hacerlo con mayor perfección.

La persona está aprendiendo. Aprender implica cambios en el modo de orientarse y reaccionar en el medio. Este cambio deviene en desarrollo. A su vez, este tiene lugar sobre la base de premisas previas que así facilitan el aprendizaje. De tal manera, siempre ha de existir una premisa existencial que favorezca el aprendizaje.

El desarrollo acontecido, no es de naturaleza absolutamente lineal y necesariamente generador de nuevos estadios evolutivos. Su acontecer puede ser ascendente, ubicarse en nivel sin que siga creciendo, trascender hacia nuevos estadios más complejos o incluso afectarse parcial o totalmente.

El desarrollo ascendente, marca una trayectoria igualmente irregular porque puede tener, por razones evolutivas, una progresión que implica vencer estadios más elementales para ubicarse luego en el desempeño de funciones más complejas.

De tal manera, dicha trayectoria marca la pertinencia del acontecer mediador paulatino, facilitador de accesos y de activismo participativo que permita que los procesos provoquen desarrollo. Siguiendo con esta idea, puede ubicarse en un nivel de aprendizaje y producirse un detenimiento. Por ejemplo, cuando la ejercitación en la resolución de problemas no aumenta gradualmente su complejidad.

Cuando se aprende a un nivel reproductivo, memorístico, sin que se pueda comprender las razones, causales, los pasos a seguir; su aplicabilidad en situaciones cotidianas, etc., se tiende a olvidar.

Igual sucede cuando lo aprendido por significativo que resulte, no encuentra continuidad en nuevas fases de desarrollo, ya que se torna pasivo y puede ser olvidado.

Los factores que inciden en el desarrollo de una persona son bio-psico - sociales. Las funciones psíquicas elementales, son de naturaleza sensorio-motriz y se encuentran presente desde el nacimiento, mientras que las funciones psíquicas superiores son de origen social.

La persona en desarrollo, manifiesta su evolución en un contexto de actividad conjunta donde se forman sus componentes inductor y ejecutor. El contacto afectivo favorable, la comunicación emocional desde la fase prenatal y todo el amor posterior, irradian seguridad hacia el niño o la niña, lo inducen hacia el afecto y la cooperación durante la actividad conjunta.

Se trata de fundamentar que las capacidades de asimilación de todas las dimensiones de cultura humana son infinitas.

Al efecto Figueredo E. dice:

"Recordemos que un japonés habla japonés no por ser japonés, sino por vivir en Japón. Lo mismo que le sucedería a un niño chileno que se desarrolle desde su nacimiento o primeros años de vida en Japón."[61]

---

61 *Figueredo, E.E. (2020): Fundamentos Psicológicos del Lenguaje. Ediciones PRONOS WORLD. Pág. 163.*

De tal manera, se resalta que el aprendizaje es un hecho de aprehensión de cultura humana y que la propia interacción con ella, activa el legado de la especie (**filogenia**) en el desarrollo del individuo (**ontogenia**). Así por ejemplo, la expresión más acabada de la cultura humana es el lenguaje, entendido como cualquier recurso comunicativo ajustado a la diversidad biopsicosocial el que es aprendido desde los primeros años de vida.

A mayor amplitud cultural en el proceso de socialización, más potencialidades del sistema nervioso se movilizarán y como tal, la aprehensión será más rica. En sentido contrario, de no procederse a esta estimulación, tendrá lugar la pérdida de la capacidad.

Al tratar esta temática, es oportuno indicar la apreciación de Manes, F. (2016) quien al referirse a la neuro plasticidad cerebral, resalta que esta se expresa en:

"La capacidad del sistema nervioso para modificarse o adaptarse a los cambios. Este mecanismo permite a las neuronas reorganizase al formar nuevas conexiones y ajustar sus actividades en respuesta a nuevas situaciones o a cambios en el entorno".[62]

Al efecto, es importante que se tenga en cuenta que en el desarrollo de todos los seres humanos, se manifiestan rasgos universales que constituyen indicadores que le facultan para asimilar cualquier expresión cultura.

La capacidad es universal, pero la falta de estimulación en un medio específico de desarrollo, provocaría su no activación. De acá, que se precise sobre períodos sensibles de desarrollo.

Hay que tener presente, que el desarrollo humano puede implicar ganancias, pero también pérdidas.

---

62 *Facundo, M. (2016): Usar el Cerebro. Conocer Nuestra Mente para Vivir Mejor. Editorial Paidós. Ciudad México. Pág. 86.*

No se puede obviar la posibilidad de estimular desde edades más tempranas con una visión amplia de cultura humana. Facilitar aprendizajes desde edades tempranas sin precocidad y sin tardanza.

Es precisamente a esto, a lo que refiere el término 'oportuno' reiteradamente empleado en el mundo de la Educación.

Ha quedado planteado, que aprender demanda de condiciones imprescindibles como las anatómico-fisiológicas, las psicológicas y las relaciones sociales que así lo faciliten.

No obstante, al igual que se indica de las capacidades en términos universales del desarrollo de la niña y el niño, no se pueden perder de vista las expresiones individuales de formación.

Personas ubicadas en un mismo contexto social y en igualdad de oportunidades educativas, tendrán matices particulares de formación, lo que se refuerza con lo señalado por Gardner, H. (2008)[63] sobre la necesidad de 'pluralizar e individualizar las modalidades de conocimiento' a propósito del reconocimiento de las Inteligencias Múltiples.

De igual manera, pueden presentarse discapacidades sensoriales y/o motrices por ejemplo. Esto, bajo el entendido que la discapacidad no constituye un atributo personal, sino que es comprendida como:

"... un complicado conjunto de condiciones, muchas de las cuales son creadas por el contexto/entorno social"[64], en conformidad con la concepción que desde una perspectiva múltiple y enfoque biopsicosocial, promueve la OMS - CIF (2001).

Hay que reconocer que las personas son diferentes y que la normalidad es un hecho abstracto que indica una tendencia evolutiva, para comprender el desarrollo de la individualidad. Así, todas las

---

63 *Gardner, H. (2008): La Mente No Escolarizada. Cómo piensan los niños y cómo deberían enseñar las escuelas. Ediciones PAIDÓS. Buenos Aires, Argentina. Pág. 90.*
64 *Organización Mundial de la Salud (2001): Clasificación Internacional del Funcionamiento, de la Discapacidad y de la Salud (CIF). Ministerio de Trabajo y Asuntos Sociales. Secretaría General de Asuntos Sociales. Instituto de Migraciones y Servicios Sociales (IMSERSO). España. Pág. 22.*

personas sienten y se mueven desde su nacimiento con matices individuales acorde con sus capacidades para luego a través de la interacción social, desarrollar formas superiores de actividad mental de naturaleza representativa y verbal u otros recursos comunicativos, atendiendo por cierto, a la diversidad bio-psico-social que le es inherente.

Desde nuestro juicio, resulta pertinente aceptar que las capacidades son múltiples y no se manifiestan de igual medida en la diversidad de personas.

En ese sentido, es justo y juicioso para la sociedad aceptarlo porque su reconocimiento consciente, es el único camino para asumir las vías que permitan mediar en la inserción a la vida de la diversidad humana. Es en esencia, la única y plausible razón argumentativa para que sea de este modo.

Para seguir argumentando en esta dirección, hay que precisar que se debe abandonar toda postura asistencialista para adentrarnos en un mundo de mediaciones sociales. De inmediato, asisten a favor las palabras de Vygotsky, L. S. cuando expone:

"El camino hacia el perfeccionamiento, se recorre venciendo los obstáculos y la dificultad de la función es el estímulo para su elevación. L. V. Bethoven y A.s Suvorov también pueden servir de ejemplo. El tartamudo Desmoulin fue un destacado orador; la ciega y sordomuda H. Keller fue una prestigiosa escritora, predicadora del optimismo." [65]

Esta postura, no deja espacio para el dilema de que si menos capacidad sensorio – motriz es una limitante o no para el desarrollo del individuo. Como se ha indicado más arriba, la limitante no será intrínseca de la persona, será propia de la sociedad. Acá, nuestra consideración de concebir Apoyos Multidimensionales para asegurar el Desarrollo de la diversidad.

---

65 *Vygotsky, L.S. (1995): Obras Completas Tomo Cinco Editorial Pueblo y Educación. Ciudad de la Habana, Cuba. Pág. 29.*

Siguiendo con esta idea, podemos entender que una educación que no sea oportuna, resultará disonante con los aprendizajes de la diversidad humana.

Valdría la pena considerar la pertinencia de la conceptualización 'dificultades en los aprendizajes' en referencia a limitaciones que en su génesis, pertenecen al abandono social o a limitaciones de quienes están a cargo de brindar los apoyos.

Para ser justos, lo más pertinente sería dejar las limitaciones del lado de la sociedad que de concebir los apoyos e implementarlos de forma oportuna. En tal caso, sería apropiado esgrimir el enunciado: 'dificultades para enseñar' o 'necesidades metodológicas especiales'.

El contexto de vida, los mediadores sociales, los métodos de enseñanza y los apoyos en general que se conciben y aplican, se someten a mejoras continuas, pero las variables influyentes son muchas y debemos aceptar su incidencia en la búsqueda de la pertinencia social ante las expresiones de diversidad humana que no le caracterizan ni la seguirán singularizando como evidencia de su colorido.

Lo que debe ser inhibido, es toda postura homogeneizadora tendiente a la uniformidad y al despliegue de medidas concebidas para grandes grupos de personas, desatendiendo las múltiples expresiones individuales de desarrollo.

¿Cómo argumentar que un niño, por ejemplo, que se le enseña el lenguaje, a través del método fónico – analítico – sintético, no presente limitaciones en el orden de la compresión lectora?

Sin lugar a dudas, estamos ante una insuficiencia generada desde la enseñanza.

Está claro, que la sociedad es la que debe generar contextos facilitadores del desarrollo, asumiendo el reto de cambiar para elevar la calidad de la inserción a la vida social y laboral de cada persona como derecho adquirido desde su nacimiento mediante Proyectos de Vida auto-determinados.

Todo ello, se configura desde múltiples Dimensiones y sus respectivas Sub-dimensiones, las que son observadas en este mismo Volumen y que serán desarrolladas a través del planteamiento de Progresiones de OA(ep) y sus Indicadores de Logro en la consecución de volúmenes que propone esta Edición Seriada.

El aprendizaje, utiliza el resultado del desarrollo y modifica su curso o dirección. El desarrollo, debe alcanzar cierta etapa sobre la cual, la enseñanza opera para que la persona pueda desarrollar sus actitudes conocimientos y habilidades. Dicho de este modo, el desarrollo de forma ineludible precede al aprendizaje.

Las premisas sensoriales, motrices y las genéticas, están presentes de manera previa en todo desarrollo del individuo. Podemos estar de acuerdo en la idea que se produce desarrollo sin que medie aprendizaje, teniendo presente el registro cultural matizado en la individualidad desde su nacimiento. Desde esta perspectiva podemos aceptar que ocurrió un aprendizaje Inter miembros de la especie que fija en el código genético sus logros y pueden ser matizados en el individuo en múltiples expresiones de capacidades.

Figueredo, E. (Progresión 2020), al tratar el tema relacionado con la gestión del conocimiento en la educación, indica que tiene lugar desde dos perspectivas manifiesta:

"La gestión del conocimiento como proceso de conservación y enriquecimiento de la cultura humana y como el análisis del propio proceso de mediación." [66]

El enseñar y el aprender, forma parte natural de las relaciones sociales, es simplemente una convocatoria a la conservación y al enriquecimiento de la cultura humana. En general, la actividad social conlleva a que se produzca aprendizaje como resultado del acontecer espontáneo de las interacciones con el entorno. No es su **objetivo**, si no su **resultado**.

---

66 *Figueredo, E.E. (2020): Progresiones de Aprendizajes Básicos: Una Perspectiva Ontogénica. Ediciones PRONOS WORLD. Miami. FL. E.U.A. Pág. 140*

Mientras que el aprendizaje como fin, es consecuencia de la interacción dirigida bajo los principios de la pedagogía y la didáctica entre mediadores profesionales y aprendices.

En ese sentido, precisar, que aquí por 'profesional' se hace referencia a docentes, asistentes de la educación, asistentes técnicas y también, a toda persona que con dominio de competencias específicas, actúe transitoriamente como facilitador/a en instancias de educación no formal generadas al interior del establecimiento como podría ser por ejemplo: apoderado que se desempeña como jardinero y que con apoyo de la profesora del Curso 5° Básico, desarrolla un Taller para enseñar a las y los estudiantes Técnicas Básicas de Poda con Tijeras o el involucramiento de integrantes de una Junta Vecinal que forma parte de las Redes Comunitarias de Apoyo de la Escuela que implementan una Academia de Yoga para trabajar técnicas de relajación con un grupo de estudiantes de diferentes cursos.

En el proceso de mediación en los aprendizajes, se comparte el conocimiento, utilizándolo de forma conjunta o individual en situaciones cambiantes y cada vez más complejas, teniendo presente la sólida relación entre teoría y práctica, en vínculo con la solución de problemas, bajo las regulaciones de la ciencia y la técnica.

Toda actividad de enseñanza y de aprendizaje, debe alcanzar una postura contextual, que no puede enajenarse del entorno socio – histórico en que está teniendo lugar; relacionándose de forma armónica con todo el currículo y así, ser parte precisa de su entretejido, albergando a todas las dimensiones de lo humano y sus diversas expresiones de manifestación, tanto en lo grupal como en lo individual.

Puede ocurrir un aprendizaje que no esté articulado con el siguiente y eso provoca su desvanecimiento, no logra su sistematización en nuevos contextos. Puede que tenga lugar un progreso en los aprendizajes, pero quede aislado, sin integrarse en nuevos saberes. Pierde su sentido, aunque las metodologías que lo favorecieron hayan sido activas.

Al inicio la niña o el niño son apoyados con la finalidad de garantizar su crecimiento en una convivencia sana. En la actividad social conjunta, tiene lugar el desarrollo de la diversidad, bajo los cánones de la familia y del entorno social, dando lugar a la educación no formal.

En la medida que la interacción sea realizada por mediadores profesionales, se transita hacia formas superiores de aprendizaje y autoaprendizaje, es decir ocurre en el contexto de la gestión del conocimiento bajo la mirada del desarrollo de las ciencias, la tecnología y la cultura universal.

El aprendizaje tiene lugar a través de relaciones en forma de actividad conjunta presencial y/o a distancia entre sujetos involucrados en el logro de metas comunes. De tal manera, los autores consideran que el objeto del proceso de enseñanza y de aprendizaje, es la cultura humana en sus disímiles expresiones arquitectónicas universales y propias del entorno natural y social.

El ser humano en ningún caso, es objeto del proceso de enseñanza y de aprendizaje. Así, se puede afirmar que el aprendiz siempre es sujeto activo. El mediador, tiene como meta la activación de las capacidades humanas, al favorecer la interacción rigurosa con las expresiones culturales, teniendo presente los requerimientos de apoyos individuales.

A modo de ejemplo, cuando se dice que el objeto de atención de un médico es su paciente, se desconoce el rol del paciente en la interacción. En la interacción médico-paciente, el objeto de atención es su salud, la prevención y la atención de las enfermedades, lo que supone el activismo del paciente durante la atención médica.

De tal forma, en el proceso de enseñanza y de aprendizaje, la o el estudiante es sujeto activo y no un objeto de la actividad formativa, donde se aspira al logro de mayor protagonismo y de autonomía durante la progresiva trayectoria de sus aprendizajes.

El aprendizaje en alguna medida, demanda de facilitadores en calidad de gestores (directivos) profesionales (ingenieros, docentes, y otros) y de representantes de la sociedad en general (familiares, amistades, representantes sectoriales; entre otras personas).

En este contexto, se establecen relaciones de relativa independencia, subordinación y entretejidos de la dirección de los procesos y los acercamientos naturales entre las personas, lo que trae consigo la aparición de distintas prácticas y roles de los participantes, como fuente de problemas y formas de negociación para solucionarlos.

La enseñanza ha de tener lugar desde lo que domina la o el estudiante. Ningún conocimiento es desmerecedor, sea éste de naturaleza memorística, reproductiva o aplicativa. Todos tendrán su espacio en la articulación hacia formas más complejas, que lleven a la creación y la innovación. Desde lo que dominan las y los estudiantes hacia el cumplimiento de las exigencias que requiere la sociedad.

De acá, la importancia de contar con información sobre los aprendizajes previos que domina el alumnado para que se aproveche oportunamente durante el proceso formativo.

El equilibrio, estará dado en ajustar el proceso de mediación, asumiendo las expresiones de diversidad de las y los involucrados en el proceso de gestión del conocimiento. La información, debe ser oportuna al diseño del proceso de mediación y no posterior o en fase de culminación y eso es posible con el uso de tecnologías y de la inteligencia artificial.

Las relaciones directas con el mundo circundante facilitan la apropiación del conocimiento concreto para dar lugar a la evocación de representaciones mentales y a la generación del conocimiento explícito mediante códigos verbales u otros propios de la diversidad biopsicosocial.

Irá ocurriendo un tránsito permanente de la práctica a la teoría y luego desde formas abstractas y generalizadoras, vuelven a tener lugar de forma enriquecida en la práctica.

Ocurre una especie de espiral de desarrollo del conocimiento durante el intercambio de experiencias sociales; reconociéndose de antemano, que esta es una forma de graficarlo, ya que no es una sola espiral la que simboliza el ascenso cognoscente, sino que entre los distintos niveles o espiras que la conforman, surgirán nuevos bucles o espirales que van creciendo y expandiéndose armónica y progresivamente a la par, otorgando dinamismo, continuidad e interactividad al proceso de aprendizaje.

Se puede decir, que desde las relaciones interpersonales a las intrapersonales para que adquiera un sentido personal.

Lo común, debe ser la sensación de libertad y la búsqueda permanente de la autonomía en el cumplimiento de las tareas. La persona involucrada en la actividad social conjunta, participa en calidad de sujeto protagónico de las acciones que se proyectan y ejecutan.

Tanto el mediador como el aprendiz, deben sentir que se encuentran en un entorno democrático, donde lo relevante sea el perfeccionamiento de los procesos de enseñanza y de aprendizaje.

Ni unos ni otros deben ser consumidores pasivos, por el contrario, entes activos, propositivos durante el diseño e implementación de dichos procesos. Lo relevante, es contar con el sentimiento de libertad para crear, innovar durante la gestión del conocimiento, vista dentro de un marco de activa transformación cultural. A decir de Lambert, L. (2017), bajo un liderazgo que facilite el aprendizaje intencionado y recíproco en comunidad.

Durante el proceso de enseñanza – aprendizaje, hay que tener presente la necesidad de que las y los docentes, así como también profesionales de apoyo, se induzcan a interactuar, trabajar en equipo y retroalimentarse sobre su quehacer mediador en los aprendizajes, teniendo presente la regulación de las cargas de trabajo del alumnado como vía facilitadora del estudio autónomo de estos, así como la observación de la necesidad de apoyo; su frecuencia, intensidad y pertinencia para facilitar los aprendizajes.

Podemos concluir, que no es factible pensar en que una persona aprenda si no conocemos el desarrollo alcanzado por ella. A su vez, el propio aprendizaje deviene en un factor del desarrollo.

A partir de lo que la persona sabe, es que puede aprender y como aprende lo expresa en el desarrollo alcanzado. A la luz de este modo de enunciar la relación entre aprendizaje y desarrollo, es evidente que el aprendizaje precede al desarrollo. El desarrollo alcanzado, fija la zona de interacción para que la persona aprenda y logre una nueva fase de desarrollo.

El aprendizaje, es un fenómeno que se manifiesta antes de la entrada a la escuela. La persona aprende desde su propia existencia, lo que explica la valoración que hacen los autores de esta publicación seriada a Niveles Cognoscentes no siempre considerados taxonómicamente en la organización de propuestas curriculares como por ejemplo: **(1) Exploratorio Inmediato Objetal, (2) Mediato Objetal o (3) Nivel Mediato Objetos – Representaciones**, los que serán abordados detalladamente junto a otros niveles, en Volumen 2 mediante propuesta denominada: *QF*-**Ontogenia**.

A propósito del reconocimiento que el aprendizaje inicia desde la etapa intrauterina y se hace extensivo hasta el último aliento, es imposible ignorar el potencial del 'Aprendizaje Informal', el que a fin de cuentas, refiere a todas aquellas actitudes, conocimientos y habilidades que vamos aprendiendo día a día a lo largo del ciclo vital, sin que haya mediación profesional, ni un currículo prescrito organizado por disciplinas que guíe dichos procesos.

Schugurensky, D. (2000)[67] por ejemplo, sobre la base de criterios como la intencionalidad y la conciencia, propone que éste puede ser

---

67 *Schugurensky, D. (2000). The forms of informal learning. Towards a conceptualization of the field. Working Paper 19-2000. Presentado en New Approaches*

Auto-dirigido, Incidental y también Inconsciente y No Intencional sobre la base de la Socialización.

De hecho, Bennett (2015)[68], sugiere un nuevo tipo de Aprendizaje Informal, definiéndolo como 'Aprendizaje Integrador' en tanto lo considera un proceso que combina el procesamiento no consciente intencional del conocimiento tácito con acceso consciente a los productos de aprendizaje y las imágenes mentales tal y como lo señalan Cleiton da Silva, C. y Ferreiro, C. (2016)[69].

Se trata de establecer de forma ineludible que ante un determinado nivel de desarrollo, se manifiesta un potencial de aprendizaje. Esto, lleva a formular dos niveles de desarrollo:

1) Nivel de desarrollo efectivo (ya logrado) y,

2) Nivel de desarrollo potencial

El Desarrollo Potencial, estará dado por la diferencia entre lo que puede realizar la persona de forma independiente y con la ayuda del otro.
Las actividades independientes de dos personas pueden ser análogas y las diferencias, se manifestarán en el modo y la dinámica de aprehensión de la ayuda que se les brinde. Sus potencialidades, pueden ser absolutamente diferentes.

Lo que la persona es capaz de hacer con la ayuda del adulto, se denomina Zona de Desarrollo Potencial. Se trata de una mirada más hacia delante que hacia el ayer o el hoy.

---

for Lifelong Learning (NALL) Fourth Annual Conference, 6-8 de Octubre. Consulta: 16 de diciembre de 2015, de http:// hdl.handle.net /1807/2733.
68 Bennett, E. E. (2009). Virtual HRD: The Intersection of knowledge management, culture, and intranets. Advances in Developing Human Resources, 11(3).
69 Cleiton, da Silva, C. y Ferreira, C. (2016): Las redes sociales y el aprendizaje informal de Estudiantes de Educación Superior. Universidad Nacional de Educación a Distancia - España / Universidad de Lisboa - FHM – Portugal. Acción Pedagógica N° 25. Pág. 8.

Lo que hoy, la o el estudiante realiza con la ayuda del par o del adulto, lo realizará mañana en forma autónoma. Se trata de definir el nivel de ayuda que se brinda para que la persona pueda ejecutar favorablemente en busca de la autonomía. Hoy, se habla de 'apoyos', pero en esencia, la intencionalidad es exactamente la misma.

Desde la perspectiva de este enfoque, la enseñanza se orienta hacia el desarrollo alcanzable. Lo contrario, sería en extremo perjudicial y pondría límites a los aprendizajes. Tal cual, sucedió cuando se consideró que las personas que presentan discapacidad intelectual tenían un pensamiento concreto y se trataba entonces de instrumentar una enseñanza con recursos de naturaleza sensorial y motriz, dejando en un segundo plano las formas abstractas.

Esto, en lugar de favorecer el desarrollo, lo lentifica y obstaculiza. Partir de formas concretas de interacción hacia formas superiores es una necesidad, como también lo es el tránsito hacia formas abstractas de desarrollo. Se debe ver como un medio y no como un fin.

Por tal razón, la enseñanza debe preceder al desarrollo para que no agonice en él, generando estancamiento en los aprendizajes o límites en su acontecer.

Vygotsky, L.S. (1995)[70], apuntó que las funciones psíquicas se manifiestan de dos formas. La primera en su forma interpsicológica y luego en la intrapsicológica. Lo que al principio es tarea de dos, luego pasa a ser tarea de uno. El aprendizaje, crea el área del desarrollo potencial.

Podemos argumentar que el proceso de enseñanza, se establece sobre la base de lo que la o el estudiante sabe, lo que nos lleva nuevamente a la frase de uno de los autores citada con anterioridad:

'Si una o un estudiante no aprende como yo le enseño, entonces yo no le estoy enseñando como ella o él aprende'.

---

70 *Vygotsky, L.S. (1995): Obras Completas Tomo Cinco Editorial Pueblo y Educación. Ciudad de la Habana, Cuba. Pág. 174.*

Una enseñanza, será pertinente cuando preceda y lleve al desarrollo, sin la imposición de modelos de desarrollo a la o el estudiante; al estilo de las evaluaciones psicométricas. Se trata de establecer qué fue de la persona sin una comunicación social pertinente, de definir qué es y más importante aún, qué será de sus aprendizajes con los apoyos multidimensionales oportunos y adecuados.

Por lo tanto, el análisis se centra en el modo en que se construye el conocimiento, en las estrategias utilizadas, en los errores, es decir en los procesos y no en los resultados.

Lo importante, es el cambio de la o el estudiante con la colaboración.

La capacidad intelectual, no se expresa en poder dar una respuesta de forma adecuada, sino en los procesos mentales. Cuando se tiende a excluir por medio de la medición, se llega incluso a relacionar de forma absoluta el resultado insuficiente con lesiones cerebrales u otras causales comúnmente asociadas a la persona en un obstinado intento por justificar vacíos en materia de reconocimiento y conocimiento de la diversidad humana, lo que manifiesta una posición fatalista.

Cuando los Programas de Estudio se elaboran sin tener presente las potencialidades intelectuales de quien aprende, se observa por ejemplo, que las motivaciones por aprender, están por debajo de lo previsto como consecuencia de deficiencias estructurales de los propios programas. Resultan poco interesantes para las y los estudiantes.

El proceso educativo es formativo, de descubrimiento y redescubrimiento de valores sociales y desde las posiciones valóricas más humanas y consecuentes de la propia sociedad.

La formación social, implica una coexistencia pertinente entre el grupo y la individualidad, a través de la comunicación. En el proceso de enseñanza y de aprendizaje, todos son protagonistas activos que interactúan entre sí bajo la búsqueda de un fin común. Por tal razón, la comunicación es una premisa necesaria para el desarrollo intelectual. Con ello, se refirma el carácter social de los aprendizajes que llevan al desarrollo.

Piaget, J. (1947) indicaba que una operación lógica generalizada existe y funciona como parte de un sistema de operaciones, lo que precisa la relevancia de la sistematización del desarrollo de las habilidades mentales. Lo que de manera reiterada queda demostrado en investigaciones que señalan la relación entre aprendizaje y desarrollo.

Es decir, una laguna desde el punto de vista ontogénico en el desarrollo de las habilidades, se convierte en una limitante en el proceso de aprendizaje activo y por descubrimiento.

De tal manera, la comprensión de nuevos modos de razonamiento acontece en el tránsito, de las formas concretas de interacción cognoscente a las representativas y verbales. Ello exige de una postura analítica evolutiva del desarrollo de la psiquis.

En esta dirección apuntó Vygotsky, L.S. (1986) cuando enfatiza en la necesidad de que el aprendizaje debe ser congruente con el nivel de desarrollo, configurando de este modo, la concepción de nivel de desarrollo alcanzado y la capacidad potencial.

Lo que una persona es capaz de hacer de forma autónoma y con determinados niveles de ayuda o apoyo, establece el potencial formativo. Por ello, es importante que se pueda constatar cómo se asimila la ayuda durante la solución de tareas.

También, se debe considerar que la resolución de problemas se vincula a determinados contextos. Al respecto, Vygotsky, L.S. indica que lo que una persona es capaz de realizar en una medición de una figura geométrica, no es indicativo de que lo haga de forma exitosa con otra.

Ello obliga a pensar en que toda caracterización del desarrollo, debe realizarse en determinados contextos. Se puntualiza que el mejoramiento de una función o actividad específica del intelecto, influye sobre el desarrollo de otras funciones y actividades, sólo cuando tienen elementos comunes; los que se debe ir configurando en la arquitectura del proceso formativo.

1.2. La Interacción Social: Motor Impulsor del Aprendizaje Humano

La caracterización más exacta en correspondencia con el pensamiento de la Psicología actual respecto a las funciones psíquicas, se encuentra encerrada en las siguientes palabras de Luria, A.R. (1977):

"Las funciones psíquicas superiores del hombre, constituyen complejos procesos autorregulados, sociales por su origen; mediatizados por su estructura, conscientes y voluntarios por el modo de su funcionamiento."[71]

Sabemos que debido a la palabra, el individuo se apropia de toda la experiencia social, que precisamente por el lenguaje, logra salir del campo limitado de lo sensorial propio del mundo animal. El sujeto alcanza las formas más altas de regulación en el proceso comunicativo sobre la base de la interiorización del lenguaje.

El lenguaje, es la función central de las relaciones sociales y de la conducta cultivada de la personalidad. De tal manera, que en la comunicación, sea esta mediante un canal vocal-auditivo, la lengua de señas o lengua de signos como expresión gesto-viso-espacial empleada por las personas sordas, la táctil de personas sordo-ciegas (dactilología) u otras consideradas dentro de los denominados sistemas aumentativos o alternativos de comunicación, son todas reconocidas como la función central de las relaciones sociales y de la conducta cultivada de la personalidad.

El lenguaje, es el instrumento mediatizador por excelencia. Sustituye a las herramientas de cognición inmediata del mundo circundante. Cuando un grupo de hormigas traslada una migaja de

---

[71] *A. R. Luria (1977): Funciones corticales superiores en el hombre. Editorial Moskovski Universitet, Moscú. Pág. 34.*

pan a su morada (al hormiguero o colonia), lo hacen utilizando por siempre el mismo recurso, es decir, sus propias posibilidades físicas.

En el mundo animal, también se utilizan objetos en calidad de instrumentos. Por ejemplo, un mono puede abrir un coco con una piedra.

El ser humano, establece similar interacción mediada con el mundo circundante. La diferencia se establece a partir que la creatividad en la generación de mediadores es infinita. Algo que como nunca ha quedado matizado en la generación de los medios tecnológicos de la comunicación y de los viajes espaciales.

El desarrollo, se expresa en la incorporación sistemática de recursos de mediación en tránsito de las relaciones inmediatas a las mediadas por las imágenes mentales y el sistema comunicacional que se asuma.

Por tal razón, podemos decir que la psiquis humana es mediatizada por su estructura y se evidencia, a través del pensamiento lógico verbal, la memoria verbal y otras expresiones superiores de desarrollo.

La psiquis funciona mediante recursos de mediación que facilitan el desarrollo del intelecto. A través de él, se puede reflejar de modo multilateral la realidad, separarse de ella, analizar el presente y tomar visión del futuro, conocer el pasado, ir más allá de la experiencia personal y asimilar todo el conocimiento humano.

Los recursos comunicativos, deben estar en correspondencia con el desarrollo alcanzado por las y los que aprenden, es decir deben ser precisos, con la finalidad de evidenciar lo esencial en forma consciente.

La persona en desarrollo, manifiesta su evolución en un contexto de actividad conjunta donde se forman sus componentes inductor y ejecutor.

Tal y como se ha señalado con anterioridad, el contacto afectivo favorable, la comunicación emocional desde la fase prenatal y todo el amor posterior que emerge de una convivencia armónica, de participaciones e interacciones propicias, van a irradiar seguridad hacia la persona, lo inducen hacia el afecto y la cooperación.

El ritmo y la entonación apropiada registrados como recursos por excelencia para la comunicación en la fase preverbal, señalan el camino hacia las motivaciones por la actividad conjunta, el querer hacer y la formación de las necesidades e intereses sociales.

El querer hacer, lleva al hacer y al saber hacer. La ejecución implica operacionalidad y por tanto, la asunción de vías óptimas de cognición en el tránsito de la manipulación objetal a la imagen y de ahí a la palabra u otros recursos comunicacionales.

Ocurre desde lo concreto a lo representativo y verbal. Así por ejemplo, el niño ejecuta y el adulto habla, luego él habla sobre lo que ejecuta con el objeto; para más tarde hablar de lo que hizo y luego hará.

El querer hacer, lleva hacer. Los períodos de actividad y ejercitación aumentan y con ello, la capacidad de trabajo y la organización de la atención.

La vida social, se encuentra regulada por valores morales, éticos y legales formulados en imágenes, palabras, gestos, etc. En general, predomina el lenguaje hablado, pero en armonía con diferentes opciones comunicacionales, reforzando las ideas que se han venido señalado con anterioridad.

La abstracción y la generalización, constituyen procesos fundamentales de la actividad cognoscitiva. Ambas, se apoyan en el desarrollo funcional del lenguaje en contextos sociales.

La conciencia humana, se forma bajo la participación directa e indispensable de la actividad lenguaje; con ella tiene lugar el enriquecimiento de los conocimientos.

Así, podemos percatarnos de la importante función que este desempeña en la actividad psíquica general. La base principal del desarrollo de los procesos psíquicos, la proporciona la experiencia social, que se hace posible en el proceso comunicativo con la intervención directa del lenguaje.

En igual medida, se puede hablar sobre el valor de este, en el plano ontogénico. El lenguaje interviene en el desarrollo psíquico desde los primeros meses de vida.

El lenguaje del adulto, influye sobre la actividad psíquica de aquél, llevándola a un nivel funcional más elevado. El dominio de todas las formas y las manifestaciones del lenguaje, según las capacidades individuales, significa poseer el medio más poderoso del desarrollo intelectual.

> El desarrollo psíquico de la persona, no puede ser reducido a la simple acumulación de hábitos. Semejantes puntos de vista hacen ver la enseñanza y la educación como una ejercitación en el proceso espontáneo de formación de los procesos psíquicos.

De aquí, que en algunos casos se tenga a la actividad educativa como un medio de aceleración en la formación de los procesos psíquicos.

Los procesos psíquicos, se forman como resultado de la actividad social del individuo. Para que estos puedan alcanzar la estructura funcional compleja que los caracteriza, necesitan de la interacción con el medio social circundante.

Al principio, la imagen y la palabra sincretizan con el objeto, luego se evoca y se reproduce desde el plano mental, lo abstrae y generaliza sus características para incluirlo en un sistema de enlaces y relaciones.

Los cambios funcionales de los recursos comunicacionales en el plano ontogénico, pasan de su función inicial referencial – objetal, a la de significado (categorial). Con estas variaciones, cambia no sólo su estructura semántica, sino también el sistema de procesos psíquicos que están detrás de ellos.

En la función referencial-objetal, el papel principal lo desempeña la interacción sensorio-motriz con el entorno. Por ejemplo, visto desde la atención a la diversidad educativa, esto fundamenta el alto nivel de priorización que se confiere en el desarrollo de esta función en el trabajo con estudiantes ciegos y sordo-ciegos.

En la siguiente etapa, este papel primordial lo desempeña la memoria, la imagen inmediata, que reproduce una situación determinada en la cual se encuentra incluido el objeto dado.

Por último, resultan fundamentales las relaciones lógicas establecidas a partir de su formación particular y de su nivel de especialización en relación con el objeto: denominación, categorización y conformación de sentidos personales.

Favorecer la exploración del mundo circundante a partir de la generación de oportunidades que permitan al sujeto vivenciar, interactuar / manipular, experimentar de múltiples formas y en contextos intencionadamente enriquecidos, con los apoyos oportunos que optimicen el uso de sus canales sensoriales, es premisa para la construcción e integración del conocimiento como reflejo de esa realidad y sustento fundamental de sus representaciones que no se limitarán al mundo material, sino que involucran, dada la influencia de la actividad socializadora, situaciones, fenómenos, dinámicas, actividades, grupos humanos, etc., que engloban la historia y los patrones culturales que le son propios.

1.2.1. Hacia la Autorregulación

La importancia de la palabra en la actividad del hombre y en el desarrollo de toda la humanidad, es grandiosa. El significado histórico evolutivo del lenguaje, se encuentra expresado en que al desarrollo de la actividad social y creadora se unió la palabra articulada, lo que de conjunto estimuló el desarrollo del cerebro.

Téngase en cuenta, que las estructuras frontales del córtex cerebral, son las últimas en aparecer y se vinculan con las funciones de programación y de planificación, lo que se relaciona con la posibilidad de autorregulación de la actividad.

En la posición de Freud (1856 – 1939), quedó manifiesta con intensidad el valor de la palabra hasta tal punto, que devino en un recurso relevante de la terapéutica general.

Bajo la idea de que primero es la acción de regulación mediante la palabra, luego los medicamentos y por último la cirugía.

Eso no ha cambiado en lo absoluto y en todas las variantes de intervención, siempre la palabra oportuna seguirá induciendo al hombre a una vida más sana en contra de lo adverso. La palabra: cura universal.

Resultó bueno que los Neo-Freudianos se inclinaran por encontrar las raíces de la personalidad a lo largo de la experiencia generacional, como una expresión del devenir de la vida social del hombre. Seguir buscando en este acontecer filogénico del hombre, es estudiar la huella de regulación cultural de que somos herederos.

El estilo de vida, nos lleva a la autorrealización y a la actualización (Carl Yung, 1875 – 1961). O la cultura concreta en la que la persona crece, determina cuáles serán los conflictos (Eric H. Erkson, 1902 – 1986).

Se deben reconocer estas ideas como esfuerzos importantes en la comprensión de lo que nos ocupa. Como no lo deja de ser la aproximación ambientalista de Watson, J. B. (1924) cuando señala el carácter maleable de los seres humanos, indicando el rol de los aprendizajes en la regulación de la conducta humana, bajo la inspiración de los experimentos de Pavlov, P.I. y Thorndike, L. E.

En la misma dirección, resalta Skinner, B. F. (1904 – 1992) que la conducta humana es aprendida, admite que la gente pueda cambiar. Así también, Bandura, A. (1925), resaltando el valor del contexto social en que tiene lugar el aprendizaje a través de su Teoría de Aprendizaje Social.

La teoría centrada en la persona, asume que los seres humanos construyen el sí mismo, que deviene en núcleo de la personalidad en congruencia con la experiencia que se alcanza durante la vida y por tal razón, hay reconocimiento a la regulación externa. Es importante cómo nos ven los demás.

En este crecimiento, se destaca la auto-actualización y el autocontrol como lo propusiera Rogers, R.C. (1902 –1987), a través de su Teoría de la Personalidad y el valor otorgado a la Funcionalidad en la búsqueda de metas vitales.

Al final, ninguna de las posiciones es predominante y eso está dado en que simplemente es imposible aislar la personalidad en desarrollo. No obstante, podemos extraer a favor del análisis de la función reguladora, que la conducta humana es el resultado de la interacción entre las características particulares de la persona en desarrollo y las situaciones específicas en que transcurre.

Desde las influencias externas reguladoras del desarrollo de la diversidad humana hacia la autorregulación y el logro de la vida autónoma.

1.2.2. Las Características de la Comunicación que resultan importantes para los Aprendizajes

El proceso de enseñanza y aprendizaje ocurre es de naturaleza social y la comunicación implícita debe ser su facilitadora. Se destacan las características siguientes de la interacción con carácter:

1. Histórico
2. Flexible y problemático
3. Emocional con sentido de pertenencia
4. Contextual, según la realidad circundante
5. Variado de medios didácticos y contextos enriquecidos de aprendizaje

1) Carácter histórico de la comunicación

Lo que resulta nuevo para una o un estudiante, es el fruto de muchos estudios empíricos y científicos. Es importante, que el sujeto disponga de oportunidades para vivenciar el tránsito de las posiciones ingenuas a las fundamentadas científicamente.

Las nuevas generaciones, se sorprenden cuando conocen el nombre que fue dado en otros tiempos a lo que hoy conocemos como Educación Diferencial y que incluso, se preserva aún en algunos países: 'Defectología'.

Sin conocer la trayectoria histórica de la atención a personas en situación de discapacidad o como también se le suele etiquetar: Necesidades Educativas Especiales (NEE) y que en este documento, lo definimos como Necesidades Multidimensionales de Apoyo, no se podría entender la razón del término aludido.

Se debe tener en cuenta, que las personas que por alguna razón eran distintas de forma relevante, ya sea por razones somáticas o intelectuales y que de acuerdo a paradigmas imperantes, se les consideraba 'fuera de la norma', se les limitó vivir.

En años posteriores, se les concedía existir, pero a la sombra, ocultos del resto de las personas, lo que se denominó la etapa de institucionalización que al estilo del Jorobado de Nostra Damus, permanecían confinados al interior de una amplia variedad de instituciones; privándose su derecho a participar, interactuar y desempeñar roles sociales en igualdad de condiciones que el resto de las y los integrantes de la sociedad.

Ulteriormente, esa diferenciación y exclusión continuó remarcándose ahora sobre la base de modelos sesgadamente prestablecidos que transitan desde la poligenia y la medición de cabezas (craneometría), pasando por la medición del cuerpo (antropología criminal), la teoría hereditarista del Coeficiente Intelectual; entre otras, prevaleciendo hasta nuestros días una mirada psicométrica no superada del todo y en la que aún priman los test mentales, aunque debemos ser justos en reconocer que con cada vez más fuerza, se va asumiendo como idea rectora el reconocimiento de la Multiplicidad de Capacidades y de Inteligencias inherentes a la Diversidad Humana.

Con todo lo que implica el contexto socio-histórico-cultural y los paradigmas imperantes de esa época, ya en la primera mitad del siglo pasado, Vygotsky, L.S. en la obra Tomo 5 'Defectología', asume el estudio del defecto bajo la visión analítica de la estructura de desarrollo, resaltando el papel del factor social en los efectos secundarios, agravantes de la persona en desarrollo, visualizando en el entonces llamado defecto, la fuerza compensatoria para que en la persona en situación de discapacidad, se reorganice la psiquis y se reestructuren los sistemas funcionales.

Tal cual sucede con las personas sordas, ciegas, sordo-ciegas, etc., que en un medio favorable, tienen una dinámica evolutiva exitosa.

Es palpable, que los estudios de las expresiones vinculadas a un Perfil de Necesidades Individuales de Apoyo, no podían suceder soslayando el análisis del defecto.

Este análisis, evita la superficialidad o ligereza al referirnos a una fase necesaria de los estudios y atención a la diversidad: 'Defectología'.

Es apropiado indicar, que el mismo Vygotsky, L.S. señaló que algún día, la Pedagogía se iba a arrepentir de hablar del niño con defecto. Eso pasó, alrededor de 50 años después de su muerte....

2)   Carácter flexible y problemático de la comunicación

El conocimiento científico, se diseña sobre la base de lo que se ha establecido de forma más argumentada. Es importante incentivar la toma de partido, el protagonismo en la indagación y la construcción del nuevo conocimiento. Esto estimula el espíritu crítico, el pensamiento e imaginación creadores.

Es importante que abordemos diferentes puntos de vistas con respecto a los estudios comprendidos, y a su vez, definirse bajo una tendencia e incentivar la consolidación de las posturas adoptadas.

No podemos estar estructurados por partes como un cuerpo frankesteniano. Debe darse una integridad en la postura, visualizando lo que sabemos y lo que no sabemos. Con ello, se evita el dogmatismo y la rigidez mental.

De ahí, la importancia de prestar especial atención al desarrollo de habilidades meta-cognitivas, favoreciendo el pensamiento crítico, la autorreflexión, la autorregulación y a fin de cuentas, la Autonomía en su máxima expresión.

3)   Comunicación emocional con sentido de pertenencia

El proceso de enseñanza y de aprendizaje, es un hecho de compromiso que se expresa con el cuerpo y con el alma. Debemos manifestar nuestra entrega y devoción ante lo que abordamos con amplio sentido de identificación y de pertenencia.

Esto, incentiva la vocación y el amor por los estudios. Al mismo tiempo, se debe incentivar el diálogo y la defensa de posturas. Todos aprendemos de todos. Construcción conjunta de conceptos a partir de argumentos dados. Adopción de posiciones teórico-prácticas en calidad de opositor o defensor.

4) Comunicación contextualizada según la realidad circundante

Los estudios resultan relevantes desde una mirada universal, con énfasis en aspectos territoriales concretos. Esto, le confiere realismo y relevancia a lo tratado. Los problemas se vinculan a la realidad y se incentiva la búsqueda de soluciones para que se produzca el cambio deseado con la propia colaboración sin esperar que sea otro el que lo haga.

5) Comunicación con uso variado de medios didácticos y contextos enriquecidos de aprendizaje:

El uso de variados contextos y de medios didácticos, moviliza las diferentes vías de acceso a la información. Esto se logra, interrelacionando los diferentes órganos de los sentidos y las múltiples inteligencias; propiciándose las alternancias entre múltiples contextos de participación para otorgar realismo y pertinencia a los procesos de enseñanza y de aprendizaje.

De esa forma, se enriquecen y diversifican los itinerarios para que las y los estudiantes dispongan de oportunidades para elegir cuál o cuáles de esas rutas, se ajustan de mejor manera a sus capacidades, intereses y expectativas.

Gardner, H. (2014) destaca la importancia de la comunicación en las inteligencias que se describen seguidamente:

▪ **Inteligencia interpersonal:** como la capacidad de entender los estados de ánimo y las preocupaciones de los demás.

Permite que los individuos, reconozcan y distingan entre los sentimientos de otros y sus intenciones. Las y los estudiantes, demuestran esta inteligencia cuando saben trabajar en pequeños grupos, cuando se dan cuenta y reaccionan ante los humores de sus amigos y compañeros y, cuando convencen con tacto a sus padres o docentes que les dé un permiso especial.

- **Inteligencia introspectiva o intrapersonal:** la capacidad de entender sus propios sentimientos.

Ayuda a los individuos a reconocer y distinguir sus propios sentimientos, a construir modelos mentales veraces de sí mismos, a conocer sus fortalezas y debilidades y, a no tener falsas expectativas con respecto a sus desempeños.

- **Inteligencia espacial:** la capacidad de visualizar objetos o lugares, movimientos y dimensiones.

Hace posible que los individuos perciban información visual o espacial, transformen esta información y recreen imágenes visuales de memoria. Esta inteligencia, es esencial para escultores, arquitectos e ingenieros. Las y los estudiantes que poseen esta inteligencia, se apoyan en gráficos e imágenes de libros, les gusta hacer mapas de sus ideas y suelen adornar sus borradores con elaborados arabescos y dibujos.

- **Inteligencia corporal o cinestésica:** cuando los músculos tienen memoria y significado propio.

Permite que los individuos usen su cuerpo o partes de su cuerpo para crear productos o resolver problemas. Los atletas, cirujanos, bailarines, coreógrafos y los artesanos por ejemplo, utilizan mucho esta inteligencia.
En el alumnado tendiente a esta inteligencia, predomina la construcción de maquetas, el disfrute y aprendizaje en actividades físicas, la danza y el teatro.

- **Inteligencia musical:** pensar con sonidos en su infinita variedad.

Posibilita a los individuos a comunicarse, crear y comprender significados a través de los sonidos. Los compositores y músicos así como las y los estudiantes que en el aula, se sienten atraídos por los ruidos de la calle, el canto de los pájaros o marcan el ritmo con su lápiz o pie durante la lección poseen esta inteligencia.

- **Inteligencia verbal o lingüística:** la capacidad de usar palabras habladas, escritas u oídas.

Permite que las personas se comuniquen y encuentren significados a partir de las palabras. Los escritores y poetas, ejemplifican esta inteligencia así como el alumnado que gusta de jugar con rimas, chistes, que siempre cuentan historias y, que aprenden fácilmente idiomas extranjeros.

- **Inteligencia matemática o lógica:** números, signos, relaciones abstractas. Permite a los individuos usar y apreciar las relaciones abstractas. Despliegan esta inteligencia científicos, matemáticos y filósofos así como también, estudiantes que analizan cuidadosamente los componentes de problemas escolares o personales y, que aman las estadísticas de deportes u otros temas de la vida cotidiana.

- **Inteligencia naturalista:** clasificación, discriminación y observación del medio.

Facilita que los individuos distingan, clasifiquen y utilicen elementos del medio ambiente tanto urbano, suburbano como rural o natural. Exhiben esta inteligencia los agricultores, jardineros, botánicos, geólogos, floristas y arqueólogos así como estudiantes que pueden nombrar y describir las características de una gran variedad de modelos de automóviles, aviones u otros objetos o fenómenos de su medio ambiente.

Gardner, H. sugiere que poseemos todas estas inteligencias y que la combinación del desarrollo de cada una y su sumatoria, es tan única como una huella digital.

El aprendizaje, implica desarrollo de habilidades bajo la mediación de la o el docente. Es incuestionable que acelera el ritmo de aprendizaje y lo hace bajo la asunción más dinámica del sentido de lo que se hace.

Sin embargo, el aprendizaje por reforzamiento externo, no implica una concepción creativa en los aprendizajes. Se trata de construir conceptos y dar espacio para la duda y la incertidumbre cuando se aplica uno u otro concepto.

Al final, se trata de superar las contradicciones al adoptar una u otra posición.

El reforzamiento externo, es un apoyo irrelevante ante el reforzamiento interno; fruto de la toma de conciencia en la construcción de los aprendizajes.

La construcción de los nuevos conceptos, la claridad sobre lo conocido y lo desconocido, la ampliación del campo de aplicación teórica y práctica, devienen en auto-reforzamiento para seguir aprendiendo.

No se necesita de un reforzamiento externo, sino de una regulación externa que facilite el camino hacia la independencia y la autonomía cognoscitiva.

El papel de la o el docente, consiste en dar garantías de existencia de condiciones pertinentes para que el proceso continúe de forma precisa e infinita. Por ello, la comunicación es fundamental en el proceso de enseñanza y de aprendizaje.

Cuando se trata de que la o el docente exponga con claridad conceptos que la o el estudiante debe asimilar, lo que se manifiesta, en que lo recuerda y aplica en condiciones dadas, se emite un reforzamiento positivo y en caso contrario uno negativo.

De este modo, se consigue motivar al alumnado a que persevere en la solución de la tarea. La esencia motivacional del aprendizaje, está en hacerlo bien en relación con una respuesta tipo. En tal caso, se estimula la homogeneidad y se soslaya la diferencia creativa.

La organización y la planificación de las actividades, así como la determinación de los indicadores de lo que se realiza, facilita la implementación de la coevaluación, autoevaluación y autovaloración en el cumplimiento de tareas en contextos de colaboración y cooperación.[72]

Se entiende que no se procede de inmediato a ejecutar, es la antesala de la ejecución, de la implementación de vías y de estrategias para la solución de problemas. Así que es relevante la motivación por la actividad a ejecutar, orientarse para implementar vías de solución y aplicar mecanismos de retroalimentación sobre el proceso y sus resultados.

En todas las actividades de mediación, se manifiestan las actitudes y las operatorias cognoscentes. De tal manera, como ocurre la solución de cualquier problema o tarea.

Cuando Galperin, P.Y. (1995) precisa que la motivación es premisa para la resolución de problemas, luego el análisis de las variables presentes que llevan a la fundamentación de las vías de solución y finalmente, se proceda a su implementación; lo que debe ocurrir bajo el control sistemático del proceso y del resultado.

---

[72] *En este libro, se hace referencia a integración del proceso formativo por parte de profesores y profesionales asistentes de la educación por medio de la palabra colaboración. Al trabajo integrado de los estudiantes se denomina cooperación. (Nota del Autor).*

1.3. Progresión de Aprendizajes Concretos, Representativos y Verbales: Un Modo Accesible de Aprender

El aprendizaje progresa desde sus formas concretas de interacción a las mediadas. El desarrollo humano, es un acontecer de incorporación sistemática de recursos de mediación, para favorecer la cognición del mundo circundante.

Se consideran interacciones concretas cuando la persona se relaciona con los objetos y los fenómenos en forma directa (**inmediata**).

Por un lado, implica actividad sensorio-motriz que culmina con un resultado en particular; fruto de las acciones realizadas y da paso a la conformación de imágenes mentales de lo acontecido.

La forma mediata de interacción, ocurre cuando entre la persona y el objeto se activa otro objeto, como facilitador de la actividad cognoscente (**mediata**).

Las experiencias vividas, provienen de objetos articulados bajo un fin particular; donde un objeto es un medio para el logro de un fin que irradia del otro. El primero, se constituye en un medio o herramienta para interactuar con el objeto.

En este caso, además del logro del propósito vivencial, también se conforma una representación mental de mayor complejidad por la articulación entre un objeto y otro con vistas a alcanzar un fin determinado.

Si vuelve a leer lo dicho con anterioridad, le llevará a sentir que falta algo que debiera conferirle una distinción de cultura humana y su opción de su aprehensión.

Para que alcance tal dimensión, es necesario que todo lo anterior esté ocurriendo en el plano de las relaciones sociales que brindan contextos de participación e interacción, los que en general, proporcionan el escenario propicio y de forma particular, introducen de manera permanente el lenguaje.

Las acciones y las operaciones que se realizan con los objetos del entorno, se fijan en forma de representaciones mentales a las que se incorpora la palabra. Se entretejen el objeto y sus imágenes, según las propias particularidades en calidad de activadores de las potenciales vías de cognición del sujeto en desarrollo.

Es un acontecer de desarrollo sincrético, donde la preponderancia inicial, la tiene la vivencia inmediata, luego la imagen y finalmente la palabra en cualesquiera de sus exteriorizaciones.

Lo dicho, reclama de argumentos. Cuando un niño o una niña por iniciativa propia, coloca una pelota dentro de la caja de los juguetes, la predominancia la tiene el objeto "pelota". En el caso en que dibuje la pelota sin que esté presente, el predominio es de su imagen mental.

Cuando por instrucción verbal u otro código de comunicación, se le pida la pelota, entonces la palabra está denominándola. En el caso que se modifiquen diferentes tipos de pelotas, ya ésta alcanza una dimensión generalizadora de este objeto. Finalmente, el objeto se incorpora dentro de un grupo para ser categorizado, en el caso del ejemplo: juguetes.

La interacción cognoscente, comienza de forma directa y termina siendo a nivel mental, a través de imágenes, palabras nominativas y categoriales.

Para ilustrar con un ejemplo, seguiremos la secuencia de interacción de una persona con un mismo objeto: la persona interactúa directamente con una manzana (inmediata), alcanza una manzana desde su árbol con la ayuda de una vara (mediata otro objeto). Luego de esa experiencia vivida, dibuja la manzana (mediata su representación mental), nombra la manzana (mediata palabra nominativa) y agrupa la manzana entre las frutas (mediata palabra categorial).

Desde esta perspectiva, el desarrollo de la psiquis es un acontecer de incorporación paulatina de mediadores, primero externos y luego internos. Una mirada evolutiva (enfoque ontogénico), donde se transita de las relaciones cognoscentes inmediatas a las mediatas.

La aprehensión de cultura, es un acto de mediación creciente por las propias interacciones con el mundo circundante y las abstracciones y generalizaciones que tienen lugar a nivel mental.

En la medida que los objetos son analizados y sintetizados en la amplitud de sus particularidades, se movilizan instrumentos externos más sutiles y complejos, lo que a su vez, evoca representaciones y recursos simbólicos más abstractos.

El lenguaje, es el instrumento mediatizador por excelencia una vez que sustituye a las herramientas de cognición inmediata del mundo circundante.

Como se mencionó anteriormente, cuando un grupo de hormigas traslada "una migaja de pan" a su hormiguero o colonia, lo hace utilizando por siempre el mismo recurso, de acuerdo con sus propias posibilidades físicas.

El ser humano, interpone instrumentos y para separarse de la realidad inmediata, se vale de las representaciones y del lenguaje. Las formas de interacción con el entorno pueden ser:

- Directa (manipulación inmediata)
- Mediada concreta (a través de un objeto se interactúa con otro)
- Mediada por la imagen o representación de lo vivido
- Mediada por el lenguaje

La interacción directa, se manifiesta en la manipulación de los objetos y convoca a las vías sensoriales y motrices. La persona alcanza con sus manos una fruta de un árbol, denota contemplación directa, manipulación inmediata. Cuando a través de un objeto, se interactúa con otro, entonces las relaciones son mediadas de forma concreta.

La persona necesita un palo para alcanzar la fruta, entonces se media con la ayuda de una herramienta.

Las vivencias, se registran en forma de imágenes o de representaciones y es dable seguir interactuando con el mundo circundante cuando se está fuera de la situación ya vivida. Un niño o niña por ejemplo, puede estar dibujando a su familia, haciendo alusión con sus trazos a sus sensaciones y sentimientos. La actividad, está mediada por la imagen de lo vivido.

La actividad psíquica no solo se realiza a nivel concreto, sino que ocurre a nivel mental por medio de las diferentes representaciones visuales, auditivas, táctiles, gustativas y olfativas.

El crecimiento de la mediación por medio del lenguaje, tiene lugar desde temprana edad como consecuencia de las relaciones sociales. Se pasa de las formas comprensivas de interacción cuando las palabras de la persona adulta, acompañan la actividad social conjunta a las activas con verbalizaciones propias.

Así, se transita de las formas concretas de interacción directa a las mediadas de forma concreta, luego representativa y en su forma más elevada, por el lenguaje. Por tal razón, podemos afirmar que la psiquis humana es mediatizada por el desarrollo estructural que le es propia y su forma más elevada, se encuentra en el pensamiento lógico verbal, la memoria verbal y otras expresiones psíquicas superiores de desarrollo.

El desarrollo ontogénico del ser humano, pasa por distintas etapas. Si a un niño le llama la atención el fuego y trata de alcanzarlo, sufre una quemadura. En tal caso, estamos en presencia de una experiencia propia, individual.

Con la transmisión de la experiencia acumulada, no necesita introducir la mano en el fuego para saber que quema. De tal forma, vemos los recursos de mediación y en particular el lenguaje, como medios necesarios para la formación del ser humano en sociedad.

Al inicio del desarrollo de una niña o un niño, las relaciones con el entorno son activas, es decir, ejecutan para aprender.

Hacer para aprender, es la fórmula mágica del desarrollo de la psiquis. No obstante, este hacer es de naturaleza social y se constituye en una actividad conjunta en que se cumplen determinadas particularidades que deben ser observadas en el tránsito de las formas concretas a las representativas y verbales.

El hacer para representar y hablar. Lo que implica orientarse en el entorno, comprender para incorporar los códigos sociales implícitos en la comunicación.

De tal manera, el desarrollo de la comprensión ocurre desde lo situacional a lo no situacional. Mirado desde esta perspectiva, la primera meta a cumplir es que el niño o la niña, comprenda para que logre transitar hacia formas activas de comunicación.

En este acontecer, los códigos comunicacionales primero se comprenden (forma pasiva) y luego se implementan durante el hacer conjunto (forma activa).

Desde esta perspectiva, la postura metodológica de mediación consiste en que el hacer concreto, debe llevar al representativo y verbal pasivo y luego activo; lo que encierra la idea de lo propicio que resulta que el niño o la niña haga, para que luego represente y hable sobre lo que hizo.

Siguiendo con la misma idea, es propicio pensar que el hacer es marco de interacción cultural y por tal razón, que la temporalidad de las acciones y las operaciones que realizan los niños y las niñas permiten la incorporación del acervo cultural dentro del contexto específico de desarrollo; así es de conveniente asumir que la comunicación que se establece sobre lo que ocurre en presente, luego sobre lo que se hizo y finalmente sobre lo que se hará.

También es factible entender que el activismo cognoscente del niño o la niña, es el marco propicio para la interacción. El marco para la actividad social conjunta, debe tener lugar desde lo que motiva al sujeto en desarrollo.

En la comunicación, los recursos que se utilizan están impregnados de la experiencia personal. Cuando un chileno escucha que tiene en su brazo una araña de rincón, no reaccionará al igual que un cubano. La experiencia del primero, indica temor y para el segundo no. Los sentidos son distintos.

En la educación, justamente se establece como meta la mediación en los aprendizajes para contribuir a formar sentidos de vida es decir que sean experienciales.

Desde el punto de vista evolutivo, la mediación en los aprendizajes ocurre de lo concreto a lo abstracto y luego es factible que tenga lugar de lo abstracto a lo concreto, es decir de la práctica a la teoría y más tarde de la teoría a la práctica; favoreciéndose retroalimentaciones permanentes entre el saber y el hacer.

El proceso de aprehensión de la cultura, implica formas funcionales más complejas, pero conservándose la posibilidad de realizar las actividades humanas en los planos concretos, representativos y verbales.

Los aprendizajes son significativos, cuando ocurren dentro de todas estas opciones, dando paso de la práctica a la teoría de ella de nuevo a la práctica. Justo, este acontecer deja espacio a la incalculable creatividad humana para crear más y mejores recursos de mediación como la comunicación online, la robótica, la inteligencia artificial, etc.

Bibliografía

1) **Baltes, P. B., Lindenberger, U., & Staudinger, U. M.** (2006): Life Span Theory in Developmental Psychology. In R. M. Lerner & W. Damon (Eds.), Handbook of child psychology: Theoretical models of human development. John Wiley & Sons Inc.

2) **Bennett, E. E.** (2009): Virtual HRD: The Intersection of knowledge management, culture, and intranets. Advances in Developing Human Resources, 11(3).

3) **Coll, E.S.** (2006): Lo básico de la educación básica. Reflexiones en torno a la revisión y actualización del currículo de la educación básica. Revista Electrónica de Investigación Educativa, 8 (1).
Web: https://redie.uabc.mx/redie/article/view/139

4) **Cleiton, da Silva, C. y Ferreira, C.** (2016): Las redes sociales y el aprendizaje informal de Estudiantes de Educación Superior. Universidad Nacional de Educación a Distancia - España / Universidad de Lisboa - FHM – Portugal. Acción Pedagógica N° 25.

5) **Cristián Bellei & Liliana Morawietz** (2016): Strong Content, Weak Tools Twenty-First-Century Competencies in the Chilean Educational Reform Center for Advanced Research in Education, University of Chile. Published in F.M. Reimers & C. Chung (Eds.). Cambridge, MA: Harvard Education Press. 1.

6) **Charles Fadel, Maya Bialik y Bernie Trilling** (2015): Educación en cuatro dimensiones: las competencias que los estudiantes necesitan para tener éxito. Centro para el Rediseño Curricular, Boston, MA, 02130.

7) **Crilly, T.** (2011): 50 cosas que hay que saber sobre matemáticas. Buenos Aires, Argentina: Editorial Paidos.

8) **Delors, J. y otros** (1996): La Educación encierra un Tesoro. Informe a la UNESCO de la Comisión Internacional sobre la Educación para el Siglo XXI. Ediciones UNESCO.

9) **Deng, Z. y Luke, A.** (2008): Chapter 5 - Subject Matter: Defining and Theorizing School Subjects.

10) **Faure, E., Herrera F., Kaddoura, R.A., Lopes, H., Petrovski, V. A., Rahnema, M. y Ward, C. F.** (1972): Aprender a Ser. La Educación del Futuro. ONU para la Educación, la Ciencia y la Cultura (UNESCO) conjuntamente con Alianza Editorial, S.A. España.

11) **Figueredo, E. E.** (2005): Fundamentos psicológicos del lenguaje. Santiago, Chile: Editorial ELFE.

12) **Figueredo, E.E.** (2020): Progresión de Aprendizajes Básicos: Una Perspectiva Ontogénica. 2° Edición. Editorial PRONOS WORLD. EEUU.

13) **Figueredo E. F. y Álvarez, J.** (2016): Un enfoque ontogénico en el desarrollo del lenguaje. Revista Arje Volumen 10. N° 18. Universidad de Carabobo.

14) **Galperin, P. G.** (1995): Teoría de la formación por etapas de las acciones mentales. Moscú, Rusia: Editorial MGY.

15) **Gardner, H.** (2001): La mente no escolarizada. Cómo piensan los niños y cómo deberían enseñar las escuelas. Tercera reimpresión. Editorial Paidós. Buenos Aires.

16) **Gardner, H.** (2008): La Mente No Escolarizada. Cómo piensan los niños y cómo deberían enseñar las escuelas. Ediciones PAIDÓS. Buenos Aires, Argentina.

17) **Gardner, H.** (2014): Inteligencias Múltiples. La teoría en la práctica. Editorial PAIDÓS. Barcelona, España.

18) **Gould, S. J.** (1981): La falsa medida del hombre. Ediciones ORBIS, S.A. En inglés 'The Mismeasure of Man'.

19) **Luckasson, R., Coulte, D.L., Polloway, E.A., Reiss, S., Schalock, R.L., Snell, M.E., Spitalnik, D.M. y Stark, J.A.** (1992): Mental Retardation: Definition, Classification, and systems of supports. Washington, D.C.

20) **Luria, A.R.** (1986): Psicología y pedagogía. Madrid, España: Akal.

21) **Luria, A. R.** (1977): Las funciones corticales superiores en el hombre. Moscú, Rusia: Editorial Moskovski Universitet.

22) **Luria, A. R.** (1978): El cerebro en acción. Ciudad de la Habana: Editorial Puebo y Educación.

23) **Luria, A. R.** (1986): Los principios del desarrollo mental en Psicología y Pedagogía. Madrid, España: Ediciones Akal.

24) **Mager, R.F.** (1999): Preparing instructional objectives a critical tool in the development of effective instruction. 3rd edition. Publisher: Atlantic Books.

25) **Ministerio de Educación de Chile - Unidad de Currículum y** Evaluación (2012): Bases Curriculares Primero a Sexto Básico.

26) **Ministerio de Educación de Chile** (2015): Decreto N° 83. Aprueba criterios y orientaciones de Adecuación Curricular para estudiantes con necesidades educativas especiales de Educación Parvularia y Educación Básica. División de Educación General. Unidad de Currículum.

27) **Ministerio de Educación de Chile** (2017): Orientaciones sobre Estrategias Diversificadas de Enseñanza para Educación Básica en el marco del Decreto N° 83/2015. División de Educación General. Unidad de Educación Especial.

28) **Ministerio de Educación de Chile – Perkins International** (2018): Guía 2.0 Educación para la Transición hacia una Vida Activa (material sin publicar).

29) **Organización Mundial de la Salud** (2001): Clasificación Internacional del Funcionamiento, de la Discapacidad y de la Salud (CIF). Ministerio de Trabajo y Asuntos Sociales. Secretaría General de Asuntos Sociales. Instituto de Migraciones y Servicios Sociales (IMSERSO). España.

30) **Organización Mundial de la Salud** (2011): Clasificación Internacional del Funcionamiento, de la Discapacidad y de la Salud (2011): Versión para la infancia y adolescencia: CIF-IA. Ministerio de Sanidad, Política Social e Igualdad. Centro de Publicaciones. Madrid, España.

31) **Piaget, J.** (1979). Introducción a la psicolinguistica. BUenos Aires, Argentina: Editorial Proteo.

32) **Philip Stabback** (2016): What Makes a Quality Curriculum? Current and Critical Issues in Curriculum and Learning. UNESCO – IBE. Pág. 7.

33) **Quintana, D.M.** (2020): Apoyos para la Transición hacia la Vida Activa: Propuesta Progresiva de Aprendizajes Vitales. Ediciones PRONOS WORLD. FL, EEUU.

34) **Real Academia Española**. https://dle.rae.es/

35) **Schugurensky, D.** (2000): The forms of informal learning. Towards a conceptualization of the field. Working Paper 19-2000. Presentado en New Approaches for Lifelong Learning (NALL) Fourth Annual Conference, 6-8 de Octubre. Consulta: 16 de diciembre de 2015, de http:// hdl.handle.net /1807/2733.

36) **Schultz, T. W.** (1985): Investing in people. The economics of population quality. Madrid, España: Ariel S.A.

37) **Scott, L.C.** (2015): El Futuro del Aprendizaje 3. ¿Qué tipo de Pedagogías se necesitan para el Siglo XXI? Documentos de Trabajo N° 15.

38) **Schalock, R.L.** (1996): Quality of life. Vol. 1: Its conceptualization, measurement and use. Washington, D.C.: American Association on Mental Retardation.

39) **Schalock, R.L.** (1997): Quality of life. Vol. II: Application to persons with disabilities. Washington, D.C.: American Association on Mental Retardation.

40) **Schalock, R.L. y Verdugo, M.A.** (2002): The concept of quality of life in human services: A handbook for human service practitioners.Washington, DC: American Association on Mental Retardation. [Calidad de vida. Manual para profesionales de la educación, salud y servicios sociales. Traducido al Castellano por Miguel Ángel Verdugo y Cristina Jenaro. Alianza Editorial 2003.

41) **Schalock, L.R. y Verdugo, M.A.** (2002 - 2003): Quality of life for human service practitioners. Washington, DC: American Association on Mental Retardation. Traducido al Castellano por Verdugo, M.A. y Jenaro, C. Calidad de vida. Manual para profesionales de la educación, salud y servicios sociales. Madrid: Alianza Editorial.

42) **Schalock, L.R. y Verdugo, M.A.** (2007): El concepto de calidad de vida en los servicios y apoyos para personas con discapacidad intelectual. Revista Siglo Cero, Vol. 38 (4), Nº 224.

43) **Schalock, L.R. y Verdugo, M.A.** (2010): Últimos avances en el enfoque y concepción de las personas con discapacidad intelectual. Changes in the Understing and Approach to Persons with Intellectual Disability. Revista Siglo Cero, VoL. 41 (4), Núm. 236.

44) **Tedesco, J. C., Opertti, R., Amadio, M.** (2013): ¿Por qué importa hoy el debate curricular? UNESCO, Oficina Internacional de Educación. Ginebra, Suiza.

45) **UNESCO** (2020): Los futuros de la educación: aprender a convertirse. Proyecto que forma parte de una serie de informes mundiales sobre Educación encargados por la UNESCO para hacer frente a los desafíos que el futuro nos depara y formular recomendaciones en el ámbito de la educación.

46) **Verdugo, M.A.** (1994): El Cambio de Paradigma en la Concepción del Retraso Mental: La Nueva Definición de la AAME. Capítulo 11 sobre "Personas con retraso mental" y parte del capítulo 12 sobre "Evaluación y tratamiento en el retraso mental" del libro Personas con discapacidad. En la perspectiva del Siglo XXI. Revista SIGLO CERO.

47) **Verdugo, M.A., Schalock, L.R., Arias, B., Gómez, E.L., Urríes, B.J.** (2013) en Verdugo, M.A. y Schalock, R.L. (2013): Discapacidad e Inclusión. Capítulo 19 Calidad de Vida. Salamanca: Amarú.

48) **Vygotsky, L.S.** (1984): El instrumento y el signo en el desarrollo del niño. En Obras en seis tomos. Moscú, Editorial Pedagógica. Tomo 6.

49) **Vygotsky, L. S.** (1981): Pensamiento y lenguaje. Ciudad de la Habana: Edición Revolucionaria.

50) **Vygotsky, L.S.** (1983): Problemas del Desarrollo Psíquico. Colección de Trabajos. Tomo 3. Academia de Ciencias Pedagógicas. Moscú. Redacción Matiushkina, A.M. En ruso: Проблемы развития психикии.

51) **Wakefield, M.A.** (2011): Pautas sobre el Diseño Universal para el Aprendizaje (DUA). Texto Completo (Versión 2.0). Traducción al español (2013) Carmen Alba Pastor, Pilar Sánchez Hípola, José Manuel Sánchez Serrano y Ainara Zubillaga del Río Universidad Complutense de Madrid. CAST (2011). Universal

Design for Learning Guidelines version 2.0.

52) **Wiliam, D.** (2011): Embedded formative assessment. Bloomington, Solution Tree Press.

53) **Young, M.** (Ed.) (1971): Knowledge and Control: New directions for the sociology of education. London: Collier Macmillan.

54) **Young, M.** (2008): Bringing Knowledge Back In: from socio-constructivism to social realism in sociology of education. London: Routledge & Kegan Paul.

www.ingramcontent.com/pod-product-compliance
Lightning Source LLC
Chambersburg PA
CBHW022116280326
41933CB00007B/407